ARTA OMLETEI! O CĂLĂTORIE DELICIOSĂ A OUĂȚEI

Stăpânește arta de a face omlete perfecte cu rețete creative pentru fiecare gust

Otilia Pîndaru

Material cu drepturi de autor ©2023

Toate drepturile rezervate

Nicio parte a acestei cărți nu poate fi utilizată sau transmisă sub nicio formă sau prin orice mijloc fără acordul scris corespunzător al editorului și al proprietarului drepturilor de autor, cu excepția citatelor scurte utilizate într-o recenzie. Această carte nu trebuie considerată un substitut al sfaturilor medicale, juridice sau de altă natură profesională.

CUPRINS

CUPRINS 3
INTRODUCERE 6
OMLETTA CARNE 7
   1. Omletă cu bacon și ardei 8
   2. Omletă de la fermă 10
   3. Omletă cu șuncă și brânză 12
   4. Omletă de pătlagină de vită 14
   5. Omletă cu cârnați și ciuperci 17
   6. Omleta cu bacon si spanac 19
   7. Omletă de pui și legume 21
   8. Friptură și omletă cu ceapă 23
   9. Omletă cu roșii uscate și chorizo 25
   10. Omletă cu cârnați și ciuperci 27
   11. Omletă cu slănină și spanac 29
   12. Friptură și omletă cu ceapă 31
   13. Omletă cu curcan și ardei 33
OMLETĂ CU BRÂNZĂ 35
   14. Omletă cu brânză la cuptorul cu microunde 36
   15. Omletă pesto cu brânză 38
   16. Omletă cu sparanghel cremă 40
   17. Brânză de capră, cartofi dulci și omlete cu crutoane ... 42
   18. Omletă cu șuncă și brânză cu coamă de leu 44
   19. Omletă cu roșii uscate și mozzarella 46
   20. Omletă cu roșii uscate și brânză de capră 48
   21. Omletă cu vin alb și brânză 50
   22. Omletă cu ciuperci cu usturoi și brânză 52
   23. Omletă de sufle cu feta și roșii uscate 54
   24. Omletă cu avocado, bacon și brânză elvețiană 56
   25. Omletă cu brânză de măsline 58
   26. Brunch cu omletă cu cheddar 60
   27. Omletă cu mentă și feta 62
OMLETTA VEGGIE 64
   28. Omletă Krauty 65
   29. Omletă copioasă de cartofi 67
   30. Omletă thailandeză cu legume 69
   31. Ou Foo Yong 71
   32. Omletă cu microgreen și ridichi de muștar 73
   33. Omletă cu mazăre, busuioc și brânză de capră 75
   34. Omletă cu legume și ramen 77
   35. Omletă cu spanac și salsa 79

   36. Omletă de legume cu broccoli Microgreens 81
   37. Omletă de arpagic cu flori albastre la cuptor 83
   38. Omletă cu ceapă și brânză 85
   39. Omletă cu ciuperci umflate 87
   40. Omletă cu sparanghel proaspăt 89

OMLETTE DE PESTE SI FRUCCE DE MARE 91

   41. Omlete cu creveți și crabi 92
   42. Omletă cu stridii Fujianeze 94
   43. Omletă cu somon afumat și mărar 96
   44. Omletă cu creveți și spanac 98
   45. Omletă cu ton și roșii 100
   46. Omletă cu crab și avocado 102
   47. Omletă de scoici și ciuperci 104
   48. Omletă cu somon și spanac 106

OMLETTA DE FRUCTE 108

   49. Omletă cu mere 109
   50. Omletă cu banane și Nutella 111
   51. Omletă cu fructe de padure amestecate 113
   52. Omletă cu piersici și migdale 115
   53. Omletă cu fructe tropicale 117
   54. Omletă cu banane și nuci 119
   55. Omletă cu afine și lămâie 121
   56. Omletă cu zmeură și ciocolată 123
   57. Omletă cu pere și ghimbir 125
   58. Omletă cu mango și nucă de cocos 127
   59. Omletă cu ananas și mentă 129

SANDWICH ȘI ROLOCU OMLETTE 131

   60. Sandviș cu omletă Quick Bagel 132
   61. Rulotă de omletă coreeană cu alge marine 134
   62. Sandviș cu omletă cu șuncă și brânză 136
   63. Wrap cu omletă cu legume 138
   64. Rula de omletă cu somon afumat 140
   65. Sandviș cu omletă cu cârnați picant 142
   66. Wrap de omletă mediteraneană 144

FRITTATA 146

   67. Frittata din seminte de in 147
   68. Frittata cu flori de dovlecel 149
   69. Frittata cu sparanghel si bacon 151
   70. Frittata de prosciutto și roșii 153
   71. Frittata de homar si spanac 155
   72. Frittata de cartofi și ceapă 157
   73. Frittata de crab, porumb și piper 159

74. Ravioli și Veggie Frittata 161
75. Frittata cu roșii uscate și brânză feta 163
76. Frittata de roșii uscate și șuncă 165
77. Frittata de rosii si ciuperci uscate la soare 167
78. Frittata de mic dejun Mac and Cheese 169
79. Frittata de ricotta si spanac 171
80. Chorizo, Chiftelă și Moringa Frittata 173
81. Frittata de cartofi cu sofran 175
82. Frittata cu bacon si cartofi 177
83. Frittata de rosii si busuioc 179
84. Frittata cu sunca si branza 181

TARTA 183

85. Quiche cu roșii uscate și bacon 184
86. Quiche cu sparanghel și brânză albastră 186
87. Quiche cu prosciutto și ciuperci 189
88. Bisquick Quiche 191
89. Quiche cu spanac proaspăt de fermă 193
90. Quiche cu scorțișoară cu mere 195
91. Quiche pentru mic dejun cu crustă de fulgi de porumb 197
92. Quiche cu șuncă 199
93. Quiche Lorraine 201
94. Quiche cu legume la grătar 203
95. Quiche cu tofu și broccoli 205
96. Quiche cu spanac și ciuperci 207
97. Quiche cu bacon și cheddar 209
98. Broccoli și Feta Quiche 211
99. Quiche cu șuncă și sparanghel 213
100. Quiche cu roșii și busuioc 215

CONCLUZIE 217

INTRODUCERE

Bine ați venit la „Arta omletelor", o aventură culinară dedicată preparatului versatil și îndrăgit – omleta. În această carte de bucate, vom explora posibilitățile nesfârșite de a crea omlete delicioase, care să satisfacă toate papilele gustative. Fie că ești un pasionat de mic dejun, un iubitor de brunch sau pur și simplu cauți o masă rapidă și satisfăcătoare, omletele sunt alegerea perfectă. De la combinații clasice la arome unice și inovatoare, această carte de bucate vă va ghida printr-o călătorie încântătoare a excelenței ouălor, dându-vă puterea să deveniți un maestru bucătar de omletă în propria bucătărie.

În aceste pagini, veți găsi o colecție diversă de rețete de omlete, realizate cu atenție pentru a prezenta o gamă largă de ingrediente, arome și stiluri culinare. Fiecare rețetă este concepută pentru a oferi instrucțiuni clare, împreună cu măsurătorile ingredientelor, pentru a se asigura că omletele tale ies frumos de fiecare dată. Indiferent dacă sunteți un începător sau un bucătar experimentat, această carte de bucate vă va inspira să vă dezlănțuiți creativitatea și să experimentați cu diverse umpluturi, condimente și tehnici pentru a crea omlete pe cât de frumoase, pe atât de delicioase.

Așadar, apucă-ți telul, încălziți-vă tigaia și haideți să pornim împreună în această călătorie încântătoare a preparării omletei. Pregătește-te să-ți impresionezi familia și prietenii cu micul dejun, brunch-uri sau orice masă a zilei pline de arome, texturi și posibilități nesfârșite incredibile.

OMLETTA CARNE

1. Omletă cu bacon și ardei

INGREDIENTE:
- 1 cană și jumătate de apă
- 4 cepe primare, tocate
- 6 uncii de bacon, tocat
- ½ cană ardei gras roșu, verde și portocaliu, tocat
- Un praf de piper negru
- 6 ouă
- ½ cană lapte de cocos
- Spray cu ulei de măsline

INSTRUCȚIUNI:
a) Într-un castron, amestecați ouăle cu un praf de piper negru și laptele de cocos și amestecați bine.
b) Adăugați ardei gras amestecați, bacon și ceapa primăvară și amestecați din nou.
c) Pulverizați un vas rotund cu spray de ulei de măsline, turnați amestecul de ouă și întindeți.
d) Pune apa în oala ta instantanee, adaugă coșul pentru aburi și vasul de copt înăuntru, acoperă și gătește la foc mare timp de 30 de minute.
e) Lăsați omleta să se răcească puțin, feliați, împărțiți în farfurii și serviți.
f) Bucurați-vă!

2. Omletă de la fermă

INGREDIENTE:

- 4 fasii de bacon, taiate cubulete
- 1/4 cana ceapa tocata
- 6 ouă mari
- 1 lingura apa
- 1/4 lingurita sare, optional
- 1/8 lingurita piper
- Puneți sos de ardei iute
- 3 lingurite de unt, impartite
- 1/2 cană cuburi de șuncă complet fiartă, împărțită
- 1/4 cană ciuperci proaspete feliate subțiri, împărțite
- 1/4 cana ardei verde tocat, impartit
- 1 cană de brânză cheddar mărunțită, împărțită

INSTRUCȚIUNI:

a) Gatiti baconul intr-o tigaie la foc mediu pana devine crocant. Folosiți o lingură cu fantă pentru a trece la prosoape de hârtie. Se strecoară, păstrând 2 lingurițe de picurare. Se caleste ceapa in picurare pana se inmoaie si se pune deoparte.

b) Se amestecă într-un castron sosul de piper, piperul, sarea, dacă doriți, apa și ouăle. Într-un 10-in. tigaie antiaderentă, încălziți 1-1/2 lingurițe de unt la foc mediu și adăugați jumătate din amestecul de ouă. În timp ce ouăle sunt puse, ridicați marginile astfel încât porția nefiertă să curgă dedesubt.

c) Odată ce ouăle sunt întărite, stropiți o parte cu jumătate de brânză, ardei verde, ciuperci, șuncă, ceapă și slănină și îndoiți.

d) Puneți un capac și lăsați să stea până se topește brânza, aproximativ 1-2 minute.

e) Utilizați restul ingredientelor pentru a face a doua omletă în același mod.

3. Omletă cu șuncă și brânză

INGREDIENTE:
- 3 ouă mari
- 1/4 cana sunca taiata cubulete
- 1/4 cană brânză cheddar mărunțită
- Sare si piper dupa gust
- 1 lingura de unt

INSTRUCȚIUNI:

a) Spargeți ouăle într-un castron și bateți-le până se bat bine. Asezonați cu sare și piper.

b) Se încălzește untul într-o tigaie antiaderentă la foc mediu până se topește.

c) Adaugati sunca taiata cubulete in tigaie si gatiti 1-2 minute pana incepe sa se rumeneasca usor.

d) Turnați ouăle bătute în tigaie, înclinând-o pentru a asigura o acoperire uniformă.

e) Lăsați ouăle să se gătească câteva secunde până încep să se întărească pe margini.

f) Presărați brânză cheddar mărunțită peste jumătate din omletă.

g) Folosind o spatulă, îndoiți cu grijă cealaltă jumătate de omletă peste partea de brânză.

h) Gatiti inca un minut sau pana cand branza se topeste.

i) Glisați omleta pe o farfurie și serviți fierbinte.

4. Omletă de pătlagină de vită

INGREDIENTE:
- 3 Patlagini foarte coapte
- Ulei pentru prajit
- 1 ceapă; tocat
- ½ ardei verde; tocat
- 2 catei de usturoi
- ½ kilograme de carne de vită tocată
- ¼ cană sos de roșii
- 1 lingura Capere
- 1 lingură măsline verzi tăiate felii (opțional)
- Sare si piper
- ½ kilograme de fasole verde; proaspăt sau congelat, tăiat în bucăți de 3 inci
- 6 ouă
- ¼ cană unt

INSTRUCȚIUNI:

a) Curățați pătlaginile, tăiați-le în felii lungi de 2 inci groase și prăjiți în ulei până se rumenesc. Scoateți, scurgeți și păstrați la cald. Într-o tigaie, căliți ceapa, ardeiul verde și usturoiul până se înmoaie, dar nu se rumenesc.

b) Adăugați carnea de vită tocată și prăjiți la foc mare timp de 3 minute.

c) Se toarnă sosul de roșii și se adaugă caperele și măslinele, dacă se dorește.

d) Gatiti 15 minute la foc mediu, amestecand din cand in cand. Se condimenteaza cu sare si piper dupa gust. Spălați fasolea și gătiți la abur până se înmoaie. Bate ouale, adaugand sare si piper dupa gust.

e) Unge părțile laterale și fundul unei caserole rotunde și topește untul rămas în fund. Se toarnă jumătate din ouăle bătute și se gătesc la foc mediu aproximativ 1 minut sau până se întăresc ușor.

f) Acoperiți ouăle cu o treime din feliile de pătlagină, urmate de straturi de jumătate din carne măcinată și jumătate din fasole. Adăugați un alt strat de pătlagină, restul de carne de vită tocată, un alt strat de fasole și acoperiți cu pătlagină. Deasupra se toarnă restul de ouă bătute.

g) Gatiti la foc mic timp de 15 minute, neacoperit, avand grija sa nu lasati omleta sa se arda.

h) Apoi dați într-un cuptor preîncălzit la 350 de grade timp de 10 până la 15 minute pentru a rumeni blatul.

i) Serviți cu orez și fasole. Excelent pentru prânz.

5. Omletă cu cârnați și ciuperci

INGREDIENTE:
- 4 ouă mari
- 2 carnati, fierti si feliati
- 1/2 cană ciuperci feliate
- 1/4 cană ceapă tăiată cubulețe
- Sare si piper dupa gust
- 1 lingura ulei de masline

INSTRUCȚIUNI:

a) Intr-un castron batem ouale si asezonam cu sare si piper.
b) Încinge ulei de măsline într-o tigaie la foc mediu.
c) Adăugați ceapa și ciupercile în tigaie și gătiți până se înmoaie.
d) Adăugați cârnații feliați în tigaie și gătiți încă un minut.
e) Turnați ouăle bătute în tigaie, asigurându-vă că acoperă amestecul de cârnați și ciuperci.
f) Lăsați omleta să se gătească netulburată câteva minute până când începe să se întărească.
g) Ridicați ușor marginile omletei cu o spatulă și înclinați tigaia pentru a lăsa ouăle nefierte să curgă spre margini.
h) Continuați să gătiți până când omleta este întărită, dar încă curge ușor în centru.
i) Îndoiți cu grijă omleta în jumătate și transferați-o într-o farfurie.
j) Se serveste fierbinte.

6. Omletă cu bacon și spanac

INGREDIENTE:

- 3 ouă mari
- 3 felii de bacon, fierte si maruntite
- 1 cană frunze proaspete de spanac
- 1/4 cană brânză mozzarella mărunțită
- Sare si piper dupa gust
- 1 lingura de unt

INSTRUCȚIUNI:

a) Bateți ouăle într-un bol și asezonați cu sare și piper.
b) Se încălzește untul într-o tigaie antiaderentă la foc mediu până se topește.
c) Adăugați frunzele de spanac în tigaie și gătiți până se ofilesc.
d) Turnați ouăle bătute în tigaie, înclinând-o pentru a acoperi spanacul uniform.
e) Presarati baconul maruntit si branza mozzarella maruntita peste jumatate din omleta.
f) Lăsați ouăle să se gătească până încep să se întărească pe margini.
g) Îndoiți cu grijă cealaltă jumătate de omletă peste partea de slănină și brânză.
h) Gatiti inca un minut sau pana cand branza se topeste.
i) Transferați omleta pe o farfurie și serviți-l fierbinte.

7. Omletă de pui și legume

INGREDIENTE:
- 4 ouă mari
- 1/2 cană piept de pui fiert, tăiat cubulețe
- 1/4 cană ardei gras tăiați cubulețe (orice culoare)
- 1/4 cană roșii tăiate cubulețe
- 1/4 cană ceapă roșie tăiată cubulețe
- Sare si piper dupa gust
- 1 lingura ulei vegetal

INSTRUCȚIUNI:

a) Spargeți ouăle într-un castron și bateți-le până se bat bine. Asezonați cu sare și piper.

b) Încinge uleiul vegetal într-o tigaie la foc mediu.

c) Adaugati ardeii grasi taiati cubulete si ceapa rosie in tigaie si caliti pana devin putin fragezi.

d) Adăugați roșiile tăiate cubulețe și pieptul de pui fiert în tigaie și gătiți încă un minut.

e) Turnați ouăle bătute în tigaie, asigurându-vă că amestecul acoperă uniform legumele și puiul.

f) Lăsați omleta să se gătească netulburată câteva minute până când începe să se întărească pe margini.

g) Ridicați ușor marginile omletei cu o spatulă și înclinați tigaia pentru a lăsa ouăle nefierte să curgă spre margini.

h) Continuați să gătiți până când omleta este întărită, dar încă curge ușor în centru.

i) Îndoiți cu grijă omleta în jumătate și transferați-o într-o farfurie.

j) Se serveste fierbinte.

8. Omletă cu friptură și ceapă

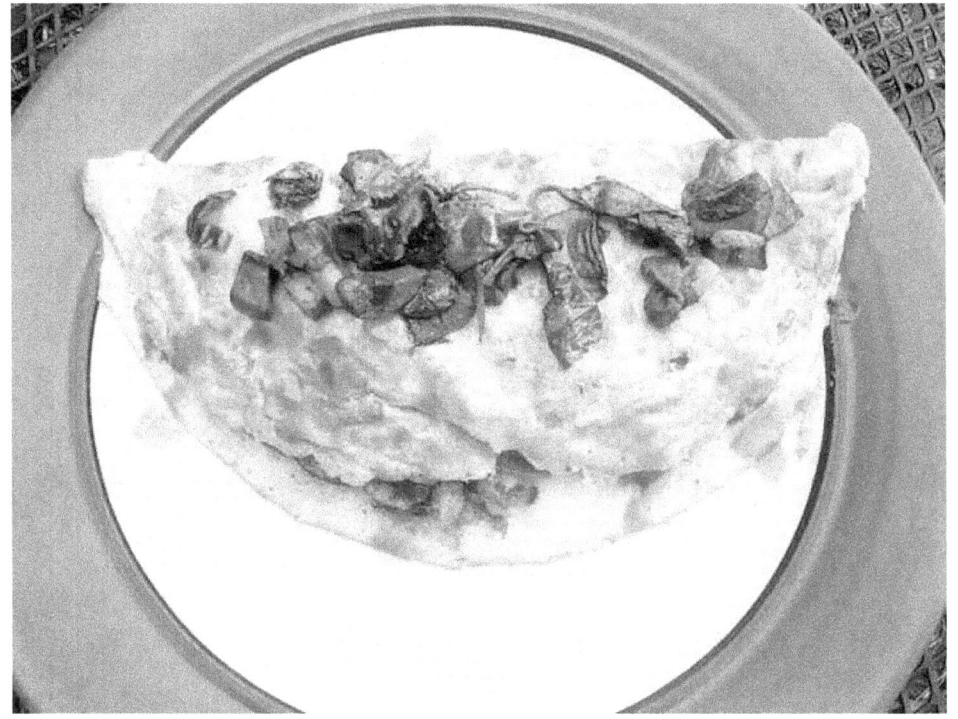

INGREDIENTE:
- 3 ouă mari
- 1/2 cană friptură fiartă, feliată subțire
- 1/4 cană ceapă feliată
- 1/4 cană brânză elvețiană mărunțită
- Sare si piper dupa gust
- 1 lingura de unt

INSTRUCȚIUNI:
a) Intr-un castron batem ouale si asezonam cu sare si piper.
b) Se încălzește untul într-o tigaie la foc mediu până se topește.
c) Adăugați ceapa tăiată felii în tigaie și gătiți până devin moale și translucide.
d) Adăugați friptura feliată subțire în tigaie și gătiți încă un minut pentru a se încălzi.
e) Turnați ouăle bătute în tigaie, înclinând-o pentru a asigura o acoperire uniformă.
f) Lăsați ouăle să se gătească câteva secunde până încep să se întărească pe margini.
g) Presărați brânza elvețiană mărunțită peste jumătate din omletă.
h) Folosind o spatulă, îndoiți cu grijă cealaltă jumătate de omletă peste partea de brânză.
i) Gatiti inca un minut sau pana cand branza se topeste.
j) Glisați omleta pe o farfurie și serviți fierbinte.

9. Omletă cu roșii uscate și chorizo

INGREDIENTE:

- 3 oua
- ¼ cană roșii uscate la soare mărunțite
- ¼ cană chorizo feliat
- ¼ cană brânză cheddar mărunțită
- Sare si piper dupa gust

INSTRUCȚIUNI:

a) Bateți ouăle cu sare și piper într-un castron.
b) Încinge o tigaie antiaderentă la foc mediu.
c) Adăugați chorizo și roșii uscate la soare în tigaie și gătiți timp de 1-2 minute.
d) Turnați ouăle în tigaie și gătiți până se întăresc.
e) Presărați brânză deasupra ouălor.
f) Îndoiți omleta în jumătate și glisați-o pe o farfurie.

10. Omletă cu cârnați și ciuperci

INGREDIENTE:

- 3 ouă mari
- 1/4 cană cârnați gătiți și mărunțiți
- 1/4 cană ciuperci feliate
- 2 linguri ceapa tocata
- Sare si piper dupa gust
- 1 lingura de unt

INSTRUCȚIUNI:

a) Într-un castron, batem ouăle până se bat bine. Asezonați cu sare și piper.
b) Topiți untul într-o tigaie la foc mediu.
c) Adăugați ceapa tocată și ciupercile feliate în tigaie și gătiți până se înmoaie.
d) Adăugați cârnații fierți și mărunțiți în tigaie și amestecați încă un minut.
e) Turnați ouăle bătute peste amestecul de cârnați și ciuperci.
f) Gatiti aproximativ 2-3 minute sau pana incep sa se intareasca marginile.
g) Îndoiți cu grijă omleta în jumătate și gătiți încă un minut sau până când omleta este gătită.
h) Transferați pe o farfurie și serviți fierbinți.

11. Omletă cu bacon și spanac

INGREDIENTE:

- 3 ouă mari
- 2 felii de bacon fiert, maruntit
- 1/2 cană frunze proaspete de spanac
- 2 linguri ceapa tocata
- Sare si piper dupa gust
- 1 lingura de unt

INSTRUCȚIUNI:

a) Bateți ouăle într-un castron până se bat bine. Asezonați cu sare și piper.
b) Se încălzește untul într-o tigaie la foc mediu.
c) Adaugati ceapa tocata in tigaie si caliti pana devine translucida.
d) Adăugați frunzele de spanac în tigaie și gătiți până se ofilesc.
e) Turnați ouăle bătute în tigaie și gătiți aproximativ 2-3 minute sau până când marginile încep să se întărească.
f) Presarati uniform peste omleta baconul maruntit.
g) Îndoiți omleta în jumătate și gătiți încă un minut sau până când omleta este gătită.
h) Transferați pe un platou și serviți imediat.

12. Friptură și omletă cu ceapă

INGREDIENTE:

- 3 ouă mari
- 1/4 cană friptură fiartă și feliată subțire
- 1/4 cană ceapă feliată
- Sare si piper dupa gust
- 1 lingura de unt

INSTRUCȚIUNI:

a) Bate ouăle într-un castron până se amestecă bine. Asezonați cu sare și piper.
b) Topiți untul într-o tigaie la foc mediu.
c) Adaugati ceapa taiata felii in tigaie si caliti pana se inmoaie.
d) Adăugați friptura feliată subțire în tigaie și gătiți încă un minut.
e) Turnați ouăle bătute în tigaie și gătiți aproximativ 2-3 minute sau până când marginile încep să se întărească.
f) Îndoiți omleta în jumătate și gătiți încă un minut sau până când omleta este gătită.
g) Transferați pe o farfurie și serviți fierbinți.

13. Omletă cu curcan și ardei

INGREDIENTE:

- 3 ouă mari
- 1/4 cană curcan fiert și tăiat cubulețe
- 1/4 cană ardei gras tăiați cubulețe (orice culoare)
- Sare si piper dupa gust
- 1 lingura de unt

INSTRUCȚIUNI:

a) Bateți ouăle într-un castron până se bat bine. Asezonați cu sare și piper.
b) Topiți untul într-o tigaie la foc mediu.
c) Adăugați ardeii gras tăiați cubulețe în tigaie și căliți până se înmoaie.
d) Adăugați curcanul tăiat cubulețe în tigaie și gătiți încă un minut.
e) Turnați ouăle bătute în tigaie și gătiți aproximativ 2-3 minute sau până când marginile încep să se întărească.
f) Îndoiți cu grijă omleta în jumătate și gătiți încă un minut sau până când omleta este gătită.
g) Transferați pe un platou și serviți imediat.

OMLETĂ CU BRÂNZĂ

14. Omletă cu brânză la cuptorul cu microunde

INGREDIENTE:
- 3 ouă mari
- ⅓ cană maioneză
- 2 linguri de margarina
- ½ cană brânză Cheddar -- mărunțită
- Arpagic
- Măsline negre -- tocate

INSTRUCȚIUNI:

a) Într-un castron mai mic puneți gălbenușurile de ou, iar folosind aceleași bătători, bateți gălbenușurile, maioneza și 2 linguri de apă.

b) Turnați ușor amestecul de gălbenușuri peste albusuri și amestecați cu grijă.

c) Se topește margarina într-o farfurie de plăcintă de 9 inci și se rotește pentru a se acoperi în interior.

d) Turnați cu grijă ouăle în farfuria de plăcintă. Puneți la microunde la temperatură medie timp de 5 până la 7 minute

e) Se presară brânza mărunțită peste ouă și se pune la microunde la temperatură medie, timp de 30 de secunde până la 1 minut.

f) Presărați arpagicul și măslinele tocate, apoi treceți rapid cu o spatulă pe părțile laterale și pe fundul vasului. Îndoiți jumătate din omletă peste cealaltă jumătate. Glisați pe o farfurie de servire.

15. Omletă pesto cu brânză

INGREDIENTE:
- 1 lingurita ulei de masline
- 1 capac de ciupercă Portobello, feliat
- 1/4 cana ceapa rosie tocata
- 4 albusuri
- 1 lingurita apa
- sare si piper negru macinat dupa gust
- 1/4 cană brânză mozzarella mărunțită cu conținut scăzut de grăsimi
- 1 lingurita pesto preparat

INSTRUCȚIUNI:

a) Într-o tigaie, încălziți uleiul la foc mediu și fierbeți ceapa și ciupercile aproximativ 3-5 minute.

b) Într-un castron mic, adăugați apa, albușurile, sare și piper negru și bateți bine.

c) Adăugați amestecul de albușuri în tigaie și gătiți, amestecând des, timp de aproximativ 5 minute sau până când albușurile încep să se întărească.

d) Așezați brânza peste omletă, urmată de pesto și, cu grijă, pliați omleta și gătiți aproximativ 2-3 minute sau până când brânza se topește.

16. Omleta cu sparanghel cu crema de branza

INGREDIENTE:
- 4 sulițe de sparanghel proaspăt, tăiate
- 2 lingurite de unt
- 1 cană înlocuitor de ou
- 1/4 cană smântână redusă în grăsimi
- 2 lingurite de ceapa tocata uscata
- 1/4 lingurita sare
- 1/4 lingurita fulgi de ardei rosu macinati
- 2 uncii cremă de brânză cu conținut redus de grăsimi, tăiată în cuburi de 1/4 inch

INSTRUCȚIUNI:

a) Se fierbe sparanghelul și 1/2 inch de apă într-o cratiță mare. Se pune capacul si se lasa sa fiarba 3 minute. Scurgeți și puneți instant sparanghelul în apă cu gheață. Lasă-l să se scurgă și se usucă.

b) Topiți untul într-o tigaie mare antiaderență la foc mediu-înalt. Bateți fulgii de piper, sarea, ceapa, smântâna și ouăle într-un castron mic, apoi turnați-i în tigaie (amestecul trebuie să se fixeze instantaneu la margini). În timp ce ouăle sunt puse, împingeți marginile fierte spre mijloc pentru a lăsa partea nefiartă să curgă dedesubt.

c) Odată ce ouăle se întăresc, pune sparanghelul și cremă de brânză pe o parte, apoi îndoiți omleta deasupra umpluturii. Pune capacul și lasă-l să stea 1 1/2 minut sau până când brânza se topește. Glisați-l pe o farfurie, apoi tăiați-l în jumătate.

17. Brânză de capră, cartofi dulci și omlete cu crutoane

INGREDIENTE:
- 2 linguri de unt nesarat
- 1 cană cuburi de jumătate de inch de pâine rustică
- 1 cartof dulce mediu
- 1 ceapa rosie mica; feliate subțiri
- 2 uncii brânză moale de capră; sfărâmat
- 1 lingurita frunze proaspete de rozmarin tocate
- 5 ouă mari
- Sare; la gust
- Piper negru proaspăt măcinat; la gust

INSTRUCȚIUNI:
a) Preîncălziți cuptorul la 350 de grade. Într-o tigaie antiaderentă de 8 inci, topește 1 lingură de unt la foc moderat și într-un castron se amestecă cu cuburi de pâine.

b) Pe o foaie de copt prăjiți cuburi de pâine în mijlocul cuptorului până devin aurii pal și crocant, aproximativ 10 minute, și transferați într-un castron.

c) Curățați cartofii dulci și tăiați-i cubulețe de ¼ inch. Într-un cuptor cu abur, puneți peste apă clocotită aburiți cartofii și ceapa până se înmoaie, aproximativ 4 minute, și amestecați cu crutoane. Se răcește amestecul și se amestecă cu brânză de capră și rozmarin. Într-un castron amestecați ouăle și sare și piper, după gust.

d) În tigaie se încălzește ½ lingură de unt la foc moderat până când spuma scade. Se toarnă jumătate din ouă, înclinând tigaia pentru a se întinde uniform pe fund.

e) Gătiți omleta timp de 1 minut sau până când aproape se fixează, amestecând stratul superior cu dosul unei furculițe și scuturând tigaia, lăsând orice ou nefiert să curgă dedesubt.

f) Presărați jumătate din omletă cu jumătate din amestecul de crutoane și gătiți încă 1 minut sau pâna când se fixează. Îndoiți omleta peste umplutură și transferați-o pe o farfurie.

g) Păstrați omleta caldă în timp ce faceți o altă omletă cu untul rămas, ouăle și amestecul de crutoane în același mod.

18. Omletă cu șuncă și brânză cu coamă de leu

INGREDIENTE:
- 2 oua
- ¼ ceasca de ciuperci, coama de leu, cubulete mici
- ⅓ cană șuncă, stil Deli, felii subțiri, cubulețe mici
- ⅓ cană brânză, Colby Jack, mărunțită.

INSTRUCȚIUNI:
a) Preîncălziți grătarul la mediu/scăzut spre mediu.
b) Adună-ți toate ingredientele.
c) Taiati cubulete ciupercile si sunca.
d) Într-un castron mic, bateți ouăle împreună.
e) Pe grătarul uscat preîncălzit, căliți ciupercile tăiate cubulețe până încep să devină aurii.
f) Gatiti sunca taiata cubulete in timp ce ciupercile se rumenesc.
g) Combinați ciupercile și șunca pe grătar.
h) Dacă aveți un inel pentru omletă, acesta poate fi folosit acum.
i) Puneți stratul subțire dorit de grăsime pe grătar.
j) Se toarnă ouăle bătute pe grătarul fierbinte unsă. Ouăle ar trebui să fie într-un cerc rotund de 6 inci. Dacă ouăle încep să curgă pe grătar, folosiți spatula și aduceți-o înapoi la o formă de cerc.
k) Când ouăle încetează să mai curgă, adaugă deasupra șunca fiartă și ciupercile și se întinde uniform în jurul cercului.
l) Gatiti omleta aproximativ 2 minute pe fiecare parte. Dar timpii de gătire vor varia. Trebuie să gătiți omleta după cum arată, deoarece fiecare grătar va varia în funcție de temperatură.
m) Când omleta cu șuncă și ciuperci este gătită pe o parte, este timpul să răsturnăm. Cu o spatulă mare, răsturnați cu grijă omleta.
n) Adăugați jumătate din brânză mărunțită la o jumătate din omletă.
o) Odată ce omletele cu ciuperci, șuncă și brânză sunt gătite, întoarceți-le în jumătate, astfel încât partea fără brânză să fie peste brânza topită.
p) Acoperiți cu restul de brânză mărunțită și scoateți din grătar.

19. Omletă cu roșii uscate și mozzarella

INGREDIENTE:
- 3 oua
- ¼ cană roșii uscate la soare mărunțite
- ¼ cană de brânză mozzarella mărunțită
- Sare si piper dupa gust

INSTRUCȚIUNI:
a) Bateți ouăle cu sare și piper într-un castron.
b) Încinge o tigaie antiaderentă la foc mediu.
c) Adăugați roșiile uscate la soare în tigaie și gătiți timp de 1-2 minute.
d) Turnați ouăle în tigaie și gătiți până se întăresc.
e) Presărați brânză mozzarella peste ouă.
f) Îndoiți omleta în jumătate și glisați-o pe o farfurie.

20. Omletă cu roșii uscate și brânză de capră

INGREDIENTE:
- 3 oua
- 1 lingura de unt
- ¼ cană brânză de capră mărunțită
- 2 linguri rosii uscate la soare tocate
- Sare si piper dupa gust

INSTRUCȚIUNI:

a) Intr-un castron, batem ouale cu sare si piper.
b) Topiți untul într-o tigaie antiaderentă la foc mediu.
c) Turnați ouăle în tigaie și gătiți până când marginile încep să se întărească.
d) Presărați brânză de capră și roșii uscate pe o jumătate de omletă.
e) Folosind o spatulă, îndoiți cealaltă jumătate peste brânză și roșii.
f) Gatiti inca un minut pana cand branza se topeste si omleta se intareste.

21. Omletă cu vin alb și brânză

INGREDIENTE:
- 1 pâine franțuzească, mare de o zi, ruptă în bucăți mici
- 6 linguri de unt nesarat, topit
- ¾ de kilogram de brânză elvețiană, mărunțită
- ½ kilogram de brânză Monterey Jack, mărunțită
- 9 felii de salam de genoa, feliate subtiri
- 16 ouă
- 3¼ cani de lapte
- ½ cană de vin alb sec
- 4 cepe verzi mari, tocate
- 1 lingura de mustar granulat
- ¼ lingurita de piper
- ¼ lingurita de ardei rosu
- 1½ cani de smantana
- 1 cană parmezan, proaspăt ras

INSTRUCȚIUNI:

a) Întindeți pâinea în 2 caserole mari cu unt, stropiți cu unt și stropiți cu carne și brânzeturi, nu cu parmezan.

b) Bateți împreună laptele, ouăle, vinul, ceapa, muștarul și condimentele până devine spumos. Se toarnă peste caserole, se acoperă cu folie, sertând marginile. Dați la frigider peste noapte.

c) Scoateți din frigider și lăsați să stea 30 de minute. Preîncălziți cuptorul la 325 de grade și coaceți acoperit timp de aproximativ 1 oră. decoperiți și întindeți peste tot smântână și parmezan. Coaceți până devine crocant și ușor rumenit - aproximativ 10 minute.

22. Omletă cu ciuperci cu usturoi și brânză

INGREDIENTE:
- 2 oua
- 1 lingurita apa
- Piper proaspăt măcinat
- Spray de gatit
- ½ lingurita de usturoi tocat
- 4 uncii ciuperci buton sau cremini feliate
- 1 uncie de brânză elvețiană mărunțită cu conținut scăzut de sodiu
- 1 lingurita patrunjel proaspat tocat

INSTRUCȚIUNI:

a) Într-un castron mic, bateți ouăle, apa și piperul, după gust, până se combină bine.

b) Pulverizați o tigaie antiaderență mică cu spray de gătit și încălziți-o la foc mediu. Adăugați usturoiul și ciupercile și gătiți, amestecând des, până când ciupercile se înmoaie aproximativ 5 minute. Transferați amestecul de ciuperci într-un bol.

c) Pulverizați din nou tigaia cu spray de gătit, dacă este necesar, și puneți-o la foc mediu. Adăugați ouăle și gătiți-le până când marginile încep să se întărească. Cu o spatulă, împingeți oul întărit de la margini spre centru. Înclinați tigaia, lăsând oul nefiert să se răspândească în exteriorul oului setat. Gătiți până când omleta este aproape întărită.

d) Turnați ciupercile fierte în omletă într-o linie în centru. Acoperiți cu brânză și jumătate din pătrunjel.

e) Îndoiți o parte a omletei peste partea de sus a celeilalte părți. Lăsați să fiarbă 1 minut sau ceva mai mult pentru a se topi brânza.

f) Glisați omleta pe o farfurie și serviți imediat, ornat cu pătrunjelul rămas.

23. Omletă de sufle cu feta și roșii uscate

INGREDIENTE:
- 3 ouă de mărime medie; separat
- 1 lingura de apa
- 2 lingurițe Pastă de roșii uscate
- 25 grame unt; (1 oz)
- ½ pachet de 200 g branza feta; tăiați cubulețe mici
- 3 roșii uscate; tocat grosier
- 4 masline negre; tăiate în sferturi
- 15 grame busuioc proaspăt; tocat grosier
- Sare și piper negru proaspăt măcinat

INSTRUCȚIUNI:

a) Se amestecă gălbenușurile de ou și apa. Bate albusurile pana devine usoara si spumoasa si combina cu galbenusurile. Se amestecă pasta de roșii.

b) Se incinge untul intr-o tigaie, pana se incinge. Se toarnă amestecul de ouă și se lasă la fiert până când se întărește la marginea de sus și se înmoaie la mijloc.

c) Pune brânza, roșiile uscate, măsline, busuioc proaspăt și condimente pe o jumătate de omletă și pliază cealaltă jumătate pentru a forma un capac.

d) Transferați pe un platou și serviți imediat.

24. Omletă cu avocado, bacon și brânză elvețiană

INGREDIENTE:
- 3 ouă
- 3 linguri Jumătate și jumătate
- Sare si piper dupa gust
- 2 linguri de avocado copt, tăiat cubulețe
- 1 uncie de brânză elvețiană, rasă
- 1 felie de bacon Crisp

INSTRUCȚIUNI:
a) Combină primele 4 ingrediente și bate bine.
b) Se toarnă într-o tigaie cu omletă bine unsă și se fierbe la foc mediu până se umflă.
c) Adăugați avocado, brânză și slănină mărunțită.
d) Serviți fie deschis, fie pliat.

25. Omletă cu brânză de măsline

INGREDIENTE:
- 4 ouă mari
- 2 oz brânză
- 12 măsline, fără sâmburi
- 2 linguri de unt
- 2 linguri ulei de masline
- 1 lingurita de planta de Provence
- ½ linguriță sare

INSTRUCȚIUNI:

a) Adăugați toate ingredientele, cu excepția untului, într-un castron și amestecați bine până devine spumos.
b) Topiți untul într-o tigaie la foc mediu.
c) Se toarnă amestecul de ouă într-o tigaie fierbinte și se întinde uniform.
d) Acoperiți și gătiți timp de 3 minute.
e) Întoarceți omleta pe cealaltă parte și gătiți încă 2 minute.

26. Brunch cu omletă cu cheddar

INGREDIENTE:
- 18 ouă
- 1 cană smântână
- 1 cană lapte
- 1 lingurita sare
- ¼ cană ceapă verde tocată
- 1 cană brânză cheddar rasă

INSTRUCȚIUNI:

a) Preîncălziți cuptorul la 325 de grade.

b) Într-un castron mare, bate ouăle, smântâna, laptele și sarea. Îndoiți ceapa verde. Turnați amestecul într-o tavă unsă de 9 x 13 inci. Coaceți timp de 45-55 de minute sau până când ouăle se întăresc.

c) Presărați imediat brânză deasupra și tăiați în pătrate înainte de servire.

27. Omletă cu mentă și feta

INGREDIENTE:
- 2 oua
- 1 lingura de unt
- 1 lingură brânză feta mărunțită
- 1 lingura frunze de menta proaspata tocate
- Sare si piper dupa gust

INSTRUCȚIUNI:
a) Într-un castron mic, amestecați ouăle, sarea și piperul.
b) Topiți untul într-o tigaie antiaderentă la foc mediu.
c) Se toarnă amestecul de ouă în tigaie și se rotește pentru a acoperi fundul.
d) Gatiti 2-3 minute sau pana ce fundul este fixat.
e) Presărați brânză feta și frunze de mentă peste jumătate din omletă.
f) Folosește o spatulă pentru a îndoi cealaltă jumătate de omletă peste umplutură.
g) Gatiti inca 1-2 minute sau pana cand branza se topeste si oul este fiert.
h) Serviți imediat și bucurați-vă!

OMLETTA VEGGIE

28. Omletă Krauty

INGREDIENTE:
- 1 lingură unt nesărat, ulei de măsline sau ulei Chile
- 2 ouă mari, bine bătute
- ¼ cană de varză murată bine scursă
- Sare și piper negru proaspăt măcinat

INSTRUCȚIUNI:

a) Într-o tigaie antiaderentă, încălziți untul (sau uleiul) la foc mediu-mic. Odată ce untul s-a topit (sau uleiul s-a întins pe fundul cratiței), adăugați ouăle bătute și înclinați tigaia astfel încât oul să ajungă la margini.

b) Presă varza murată într-un aranjament plăcut deasupra ouălor. Asezonați omleta cu sare și piper (ținând cont că varza murată are deja sare) și înclinați din nou tigaia cu mișcări circulare, astfel încât eventualele bălți de ou să se răspândească uniform.

c) Folosește o spatulă de silicon pentru a ridica ușor oul de pe marginile tigaii.

d) Continuați să gătiți, scuturând tigaia din când în când, până când ouăle sunt gătite după bunul plac.

e) Glisați omleta pe o farfurie și mâncați-o imediat.

29. Omletă copioasă de cartofi

INGREDIENTE:
- 1 fâșie de bacon, tăiată în bucăți de 1/2 inch
- 4 Tater Tots congelate, decongelate
- 2 oua
- 2 linguri de apa
- 3 linguri de brânză cheddar măruntită

INSTRUCȚIUNI:

a) Gătiți slănină într-un recipient de 8 inci. tigaie antiaderenta la foc mediu pana devine crocante. Adăugați Tater Tots și folosiți o spatulă pentru a o despărți.

b) Bateți apa cu ouăle într-un castron mic și puneți-o în tigaie.

c) În timp ce ouăle sunt puse, ridicați marginile pentru a lăsa porția crudă să curgă dedesubt.

d) Odată ce ouăle sunt întărite, puneți brânză pe o parte și pliați omleta peste umplutură.

e) Puneți un capac și lăsați să stea până se topește brânza, aproximativ 1-1/2 minute.

f) Pe un fel de mâncare, răsturnați omleta pentru a o savura.

30. Omletă thailandeză cu legume

INGREDIENTE:
Dressing thailandez:
- Suc de lamaie: ½
- Sos de peste: ½ lingura
- Zahăr brun: ½ lingură
- Chili mic tocat: 1
- Sos dulce de chili: 1 ½ lingură
- Oțet de orez: ½ lingură
- Ulei de arahide/ulei de măsline: 1 linguriță
- Apă: 1 lingură
- Se amestecă toate până se combină.

OMLETĂ:
- Ulei de masline
- Usturoi
- Restul de legume la alegere
- 1 cană Sare: după gust
- Ouă: 2
- Apă: 2 linguri
- Pulbere de turmeric: un praf

INSTRUCȚIUNI:
a) Se prăjește usturoi, ciuperci, sparanghel, broccoli, mazăre de zăpadă, bok choy și muguri de fasole într-o tigaie de fontă cu puțin ulei.
b) Continuați să gătiți legumele până când sunt fragede, dar încă crocante, condimentând cu sare și piper.
c) Scoateți de pe aragaz și lăsați deoparte.
d) Combinați ouăle, apa, sarea și turmericul într-un castron mediu.
e) In tigaia de fonta adauga putin ulei si incinge. Se adauga apoi ouale batute. Gatiti, amestecand din cand in cand, pana cand ouale incep sa se intareasca.
f) În timp ce omleta continuă să se gătească în tigaia fierbinte, se ia de pe foc, se acoperă cu legume fierte asortate și se pliază omleta peste ele.
g) Presărați dressingul thailandez peste salată și serviți dressingul rămas în lateral.

31. Egg Foo Yong

INGREDIENTE:
- 5 ouă mari, la temperatura camerei
- Sare cușer
- Piper alb măcinat
- ½ cană de capace de ciuperci shiitake feliate subțiri
- ½ cană de mazăre congelată, dezghețată
- 2 ceai, tocat
- 2 lingurițe ulei de susan
- ½ cană supă de pui cu conținut scăzut de sodiu
- 1½ linguriță sos de stridii
- 1 lingură vin de orez Shaoxing
- ½ linguriță zahar
- 2 linguri sos de soia usor
- 1 lingura amidon de porumb
- 3 linguri ulei vegetal
- Orez fiert, pentru servire

INSTRUCȚIUNI:

a) Într-un castron mare, bateți ouăle cu un praf de sare și piper alb. Se amestecă ciupercile, mazărea, ceaiul verde și uleiul de susan. Pus deoparte.

b) Preparați sosul fierbând bulionul de pui, sosul de stridii, vinul de orez și zahărul într-o cratiță mică la foc mediu. Într-o ceașcă mică de măsurare din sticlă, amestecați soia ușoară și amidonul de porumb până când amidonul de porumb este complet dizolvat. Turnați amestecul de amidon de porumb în sos în timp ce amestecați constant și gătiți timp de 3 până la 4 minute, până când sosul devine suficient de gros pentru a acoperi partea din spate a lingurii. Acoperiți și lăsați deoparte.

c) Încinge un wok la foc mediu-mare până când o picătură de apă sfârâie și se evaporă la contact. Turnați uleiul vegetal și amestecați pentru a acoperi baza wok-ului. Adăugați amestecul de ouă și gătiți, rotind și scuturând wok-ul până când partea de jos este aurie. Scoateți omleta din tigaie pe o farfurie și răsturnați-o peste wok sau întoarceți-o cu o spatulă pentru a găti cealaltă parte până devine aurie. Glisați omleta pe un platou de servire și serviți peste orez fiert cu o lingură de sos.

32. Omletă cu microgreen și ridichi de muștar

INGREDIENTE:
- 4 ouă
- 1 lingurita patrunjel, tocat
- ulei de masline
- 40 de grame de microverduri de muștar
- 4 ridichi, feliate
- 2 cepe primavara, taiate felii
- Ciupiți de sare
- Ciupiți piper

INSTRUCȚIUNI:

a) Într-un castron, amestecați ouăle și pătrunjelul până se încorporează bine; se asezoneaza cu sare si piper.

b) Prăjiți ceapa primăvară, ridichile și microverde în ulei de măsline.

c) Prăjiți omleta timp de 3 minute după ce turnați amestecul de ouă peste legume.

d) Întoarceți omleta și prăjiți încă 2 minute.

33. Omletă cu mazăre, busuioc și brânză de capră

INGREDIENTE:

- 200 g mazăre congelată
- 20 g unt
- Pumn mic de frunze de busuioc, tocate grosier
- 8 ouă mari, bătute
- 150g busten de brânză de capră, feliat gros
- 20 g parmezan, ras
- Sare de mare și piper negru proaspăt măcinat
- Pentru salată
- 250 g sparanghel, tăiat
- Pumn mare de frunze de rucola
- Suc de ½ lămâie
- 3 linguri ulei de masline

INSTRUCȚIUNI:

a) Preîncălziți grătarul la mare.

b) Pune mazărea într-o strecurătoare și ține-o sub jet de apă călduță timp de aproximativ un minut. Acest lucru le va dezgheța fără a le găti.

c) Puneți o tigaie mare, rezistentă la cuptor, la foc mediu-înalt și adăugați untul. Când este fierbinte, adăugați mazărea, agitați tigaia și gătiți timp de 1-2 minute.

d) Adăugați busuiocul și amestecați bine înainte de a turna ouăle bătute, apoi gătiți timp de 2-3 minute, sau până când omleta începe să se pună pe fund.

e) Între timp, pregătiți salata. Folosind o mandolină sau un curățător de legume, feliați sparanghelul pe lungime în așchii foarte fine și puneți-le într-un castron cu rucola. Bateți sucul de lămâie, uleiul de măsline și un praf de sare într-un castron mic, apoi turnați acest dressing peste salată și amestecați bine.

f) Peste omletă se pun feliile de brânză de capră, se stropesc cu parmezan și se condimentează cu sare și piper. Pune tigaia sub grătar timp de 1–2 minute, sau până când ouăle se pun deasupra și brânza de capră a început să se rumenească.

g) Transferați omleta pe o placă sau farfurie, tăiați-o felii și serviți cu sparanghel și salată de rucola.

34. Omletă cu legume și ramen

INGREDIENTE:
- 2 (3 uncii) pachete de tăiței ramen, fierte
- 6 ouă
- 1 ardei gras rosu, tocat
- 1 morcov mare, ras
- ½ cană de parmezan, ras

INSTRUCȚIUNI:

a) Luați un bol de amestecare: amestecați în el ouăle cu 1 pachet de condimente pentru ramen.

b) Adăugați tăițeii, ardeiul gras și morcovul. Amesteca-le bine.

c) Înainte de a face altceva, preîncălziți cuptorul la 356 F.

d) Ungeți o formă de brioșe cu puțin unt sau spray de gătit. Turnați aluatul în forme.

e) Acoperiți brioșele cu parmezan. Gatiti briosele la cuptor timp de 16 minute. Serviți-le calde. Bucurați-vă.

35. Omletă cu spanac și salsa

INGREDIENTE:
- 2 ouă, bătute
- 1½ cani de spanac crud
- 1 lingura ulei de migdale
- ⅓ cană salsa de roșii și ceapă
- O mână de microverduri de coriandru

INSTRUCȚIUNI:
a) Topiți uleiul de migdale în tigaie.
b) Adăugați spanacul și ouăle în tigaie.
c) Întoarceți odată ce oul se întărește în jurul marginii.
d) Adăugați salsa deasupra.
e) Se mută pe o farfurie și se ornează cu microgreens de coriandru.

36. Omletă de legume cu broccoli microgreens

INGREDIENTE:
- 3 oua, batute
- 1 morcov, tăiat de chibrit
- 3 cepți, tăiați în diagonală
- 1 mână de microverduri de broccoli
- Bucăți de curcan fiert rămase
- Ulei de șofrănel
- Sare cu conținut scăzut de sodiu

INSTRUCȚIUNI:

a) Încinge uleiul într-un wok sau o tigaie de fontă la foc moderat, până când este suficient de fierbinte încât să sfârâie o picătură de apă.
b) Adăugați broccoli microverde și morcovi și prăjiți timp de 2 minute.
c) Adăugați curcanul fiert și prăjiți timp de 1 minut până se încălzește.
d) Adăugați ceai și ouă și amestecați.
e) Asezonați cu sare.

37. Omletă de arpagic cu flori albastre la cuptor

INGREDIENTE:
- 4 ouă
- 4 linguri lapte
- Sare si piper dupa gust
- 2 linguri Arpagic tocat
- 3 linguri de unt
- 1 duzină de flori de arpagic

INSTRUCȚIUNI:

a) Topiți untul într-o tigaie apoi combinați ingredientele rămase într-un blender și turnați în tigaia fierbinte, unsă cu unt.

b) Pe măsură ce marginile omletei încep să se întărească, reduceți puțin căldura și, cu o spatulă, întoarceți ouăle nefierte pe fundul tigaii până sunt toate fierte.

c) Presărați florile spălate peste partea de sus a ouălor, apoi îndoiți omleta și lăsați să se gătească încă câteva minute. Servi.

38. Omletă cu ceapă și brânză

INGREDIENTE:
- 2 oua
- 2 linguri de brânză cheddar rasă
- 1 lingura ulei de masline
- 1 lingurita sos de soia
- ½ ceapă, feliată
- ¼ lingurita de piper

INSTRUCȚIUNI:
a) Setați temperatura friteuzei cu aer la 350 de grade F.
b) Combinați ouăle, ardeiul și sosul de soia.
c) Se incinge uleiul de masline si se caleste ceapa.
d) Adăugați amestecul de sos de ouă și soia și prăjiți la aer timp de 10 minute.
e) Acoperiți cu brânză cheddar.

39. Omletă cu ciuperci umflate

INGREDIENTE:
- 20 g unt
- 1 lingura ulei de masline
- 2 ciuperci mari, feliate fin
- 1 şalotă, feliată subţire
- 3 oua
- 100 ml iaurt natural
- 1 lingura busuioc, tocat
- 1 lingura patrunjel, tocat
- ½ linguri de arpagic, tocat

INSTRUCŢIUNI:

a) Se încălzeşte untul şi uleiul într-o tigaie mare, cu capac. Prăjiţi ciupercile, fără a amesteca prea des, astfel încât să prindă puţină culoare.

b) Adăugaţi şalota şi gătiţi până se înmoaie. Reduceţi căldura la cea mai mică flacără posibilă.

c) Se amestecă ouăle şi iaurtul, apoi se condimentează cu un praf generos de sare de mare şi piper. Se bat cu telul electric (sau energic cu mana) pana devine foarte spumos.

d) Turnaţi amestecul în tigaie, adăugaţi ierburile şi acoperiţi.

e) Gatiti pana se umfla si se fixeaza complet.

40. Omletă cu sparanghel proaspăt

INGREDIENTE:
- 1 lingura de unt
- 1 lingurita ulei de masline
- 8 tulpini de sparanghel, tăiate în bucăți de ½ inch
- ¼ ceapă, tocată
- 6 oua, batute
- ¼ cană lapte
- sare si piper dupa gust
- ½ cană de brânză elvețiană mărunțită

INSTRUCȚIUNI:
a) Într-o tigaie antiaderentă, încălziți untul și uleiul la foc mediu.
b) Adăugați sparanghelul și ceapa; gătiți timp de 5 minute sau până când se înmoaie.
c) Într-un castron, combinați ouăle, laptele, sarea și piperul.
d) Bateți amestecul de ouă cu o furculiță până când încep să apară bule; se toarnă peste amestecul de sparanghel.
e) Gatiti pana se pun ouale deasupra; Ridicați marginile cu o spatulă pentru a permite ouălor nefierte să curgă ouăle insuficient fierte.
f) Când ouăle sunt întărite, acoperiți cu brânză. Tăiați în felii.

OMLETTE DE PESTE SI FRUCCE DE MARE

41. Omlete cu creveți și crabi

INGREDIENTE:

- 4 ouă
- 3 linguri smântână groasă
- Sare kosher si piper negru, dupa gust
- 1 lingura ulei de masline
- ¼ cană ciuperci feliate
- ¼ cană spanac proaspăt
- ¼ cană de carne de creveți gătită
- ¼ de cană de carne de crab
- ¼ cană brânză Havarti mărunțită

INSTRUCȚIUNI:

a) Într-un castron mic, combinați ouăle și smântâna groasă și bateți până se omogenizează bine. Se presară sare și piper și se amestecă. Pune în lateral.

b) Stropiți uleiul de măsline într-o tigaie mare la foc mediu. Când uleiul este fierbinte, aruncați ciupercile și spanacul în tigaie și gătiți până se înmoaie. Scoateți din tigaie și lăsați-l pe o parte.

c) Se toarnă ouăle și se fierbe timp de 2 minute. Presărați creveții, crabul, brânza, ciupercile și spanacul. Îndoiți omleta în jumătate și gătiți încă 2 minute, apoi scoateți din tigaie. Serviți și bucurați-vă!

42. Omletă cu stridii Fujianeze

INGREDIENTE:
- 1 duzină de stridii mici, decojite, aproximativ 10–12 uncii
- 2 oua batute
- 2 linguri faina de cartofi dulci
- 1/4 cană apă
- Coriandru și ceapă verde tăiate mărunt
- Sare piper
- 2 linguri untura sau ulei pentru prajit

INSTRUCȚIUNI:s:

a) Într-un castron mare, faceți un aluat subțire cu făina de cartofi dulci și apă. Asigurați-vă că făina este complet dizolvată.

b) Încălziți tigaia până la afumat. Ungeți suprafața tigaii cu untură sau ulei.

c) Se toarnă aluatul de cartofi dulci. Când este aproape complet întărită, dar încă udă deasupra, se toarnă ouăle bătute cu sare și piper.

d) Când partea inferioară a omletei cu crustă de amidon este aurie și oul bătut este pe jumătate întărit, rupeți omleta în bucăți cu o spatulă. Împingeți-le într-o parte.

e) Adăugați stridiile, ceapa verde și coriandru și prăjiți timp de 1/2 minute. Se pliază și se amestecă cu ou.

f) Serviți cu sos iute sau cu sosul dulce chili la alegere.

43. Somon afumat și omletă cu mărar

INGREDIENTE:

- 3 ouă mari
- 2 uncii de somon afumat, feliat subțire
- 1 lingură mărar proaspăt tocat
- Sare si piper dupa gust
- 1 lingura de unt

INSTRUCȚIUNI:

a) Spargeți ouăle într-un castron și bateți-le până se bat bine. Asezonați cu sare și piper.

b) Se încălzește untul într-o tigaie antiaderentă la foc mediu până se topește.

c) Turnați ouăle bătute în tigaie, înclinând-o pentru a asigura o acoperire uniformă.

d) Lăsați ouăle să se gătească câteva secunde până încep să se întărească pe margini.

e) Așezați feliile de somon afumat pe o jumătate de omletă.

f) Presaram mararul tocat peste somonul afumat.

g) Folosind o spatulă, îndoiți cu grijă cealaltă jumătate de omletă peste somon și mărar.

h) Mai fierbeți încă un minut sau până când omleta este întărită și ușor aurie.

i) Transferați omleta pe o farfurie și serviți fierbinte.

44. Omletă cu creveți și spanac

INGREDIENTE:
- 4 ouă mari
- 1/2 cană de creveți fierți, curățați și devenați
- 1 cană frunze proaspete de spanac
- 1/4 cană brânză feta mărunțită
- Sare si piper dupa gust
- 1 lingura ulei de masline

INSTRUCȚIUNI:
a) Bateți ouăle într-un bol și asezonați cu sare și piper.
b) Încinge ulei de măsline într-o tigaie la foc mediu.
c) Adăugați frunzele de spanac în tigaie și gătiți până se ofilesc.
d) Adăugați creveții fierți în tigaie și gătiți încă un minut.
e) Turnați ouăle bătute în tigaie, asigurându-vă că acopera creveții și spanacul uniform.
f) Lăsați omleta să se gătească netulburată câteva minute până când începe să se întărească.
g) Ridicați usor marginile omletei cu o spatulă și înclinați tigaia pentru a lăsa ouăle nefierte să curgă spre margini.
h) Presărați brânză feta mărunțită peste jumătate din omletă.
i) Continuați să gătiți până când omleta este întărită, dar încă curge usor în centru.
j) Îndoiți cu grijă omleta în jumătate și transferați-o într-o farfurie.
k) Se serveste fierbinte.

45. Omletă cu ton și roșii

INGREDIENTE:
- 3 ouă mari
- 1/2 cană de ton conservat, scurs
- 1/4 cană roșii tăiate cubulețe
- 2 linguri patrunjel proaspat tocat
- Sare si piper dupa gust
- 1 lingura de unt

INSTRUCȚIUNI:

a) Spargeți ouăle într-un castron și bateți-le până se bat bine. Asezonați cu sare și piper.

b) Se încălzește untul într-o tigaie antiaderentă la foc mediu până se topește.

c) Turnați ouăle bătute în tigaie, înclinând-o pentru a asigura o acoperire uniformă.

d) Lăsați ouăle să se gătească câteva secunde până încep să se întărească pe margini.

e) Întindeți uniform tonul conservat pe jumătate din omletă.

f) Presarati rosiile taiate cubulete si patrunjelul tocat peste ton.

g) Folosind o spatulă, îndoiți cu grijă cealaltă jumătate de omletă peste partea de ton și roșii.

h) Mai fierbeți încă un minut sau până când omleta este întărită și ușor aurie.

i) Transferați omleta pe o farfurie și serviți fierbinte.

46. Omletă cu crab și avocado

INGREDIENTE:
- 4 ouă mari
- 1/2 cană de carne de crab fiartă, în fulgi
- 1/4 cană de avocado tăiat cubulețe
- 1/4 cană ardei gras roșu tăiat cubulețe
- Sare si piper dupa gust
- 1 lingura de unt

INSTRUCȚIUNI:
a) Bateți ouăle într-un bol și asezonați cu sare și piper.
b) Se încălzește untul într-o tigaie la foc mediu pană se topește.
c) Turnați ouăle bătute în tigaie, înclinând-o pentru a asigura o acoperire uniformă.
d) Lăsați ouăle să se gătească câteva secunde până încep să se întărească pe margini.
e) Întindeți uniform carnea de crab pe jumătate din omletă.
f) Presarati avocado taiat cubulete si ardei gras rosu peste carnea de crab.
g) Folosind o spatulă, îndoiți cu grijă cealaltă jumătate de omletă peste partea de crab și avocado.
h) Mai fierbeți încă un minut sau până când omleta este întărită și ușor aurie.
i) Transferați omleta pe o farfurie și serviți fierbinte.

47. Omletă de scoici și ciuperci

INGREDIENTE:
- 3 ouă mari
- 1/2 cană scoici fierte
- 1/4 cană ciuperci feliate
- 2 linguri arpagic proaspat tocat
- Sare si piper dupa gust
- 1 lingura ulei de masline

INSTRUCȚIUNI:
a) Spargeți ouăle într-un castron și bateți-le până se bat bine. Asezonați cu sare și piper.
b) Încinge ulei de măsline într-o tigaie antiaderentă la foc mediu.
c) Adăugați ciupercile feliate în tigaie și gătiți până devin puțin fragede.
d) Adăugați scoicile fierte în tigaie și gătiți încă un minut.
e) Turnați ouăle bătute în tigaie, asigurându-vă că acopera scoicile și ciupercile uniform.
f) Lăsați omleta să se gătească netulburată câteva minute până când începe să se întărească.
g) Ridicați ușor marginile omletei cu o spatulă și înclinați tigaia pentru a lăsa ouăle nefierte să curgă spre margini.
h) Presărați arpagicul proaspăt tocat peste o jumătate de omletă.
i) Continuați să gătiți până când omleta este întărită, dar încă curge ușor în centru.
j) Îndoiți cu grijă omleta în jumătate și transferați-o într-o farfurie.
k) Se serveste fierbinte.

48. Omletă cu somon și spanac

INGREDIENTE:
- 4 uncii de somon fiert, fulgi
- 3 ouă mari
- 1 cană frunze proaspete de spanac
- ¼ cană brânză mărunțită (elvețiană, feta sau preferința dvs.)
- Sare si piper dupa gust
- 1 lingura de unt sau ulei de gatit

INSTRUCȚIUNI:
a) Intr-un castron batem ouale si asezonam cu sare si piper.
b) Încinge untul sau uleiul într-o tigaie antiaderentă la foc mediu.
c) Adăugați frunzele de spanac și gătiți până se ofilesc.
d) Se toarnă ouăle bătute în tigaia cu spanacul.
e) Lăsați ouăle să se întărească ușor, apoi presărați uniform peste omletă somonul fulgi și brânza mărunțită.
f) Îndoiți ușor omleta în jumătate folosind o spatulă.
g) Continuați să gătiți până când ouăle sunt complet întărite și brânza s-a topit.
h) Transferați omleta pe un platou și serviți fierbinte.

OMLETTA DE FRUCTE

49. Omletă cu mere

INGREDIENTE:
- 2 lingurite ulei de cocos
- ½ măr verde mare, fără miez și feliat subțire
- ¼ lingurita de scortisoara macinata
- 1/8 lingurita nucsoara macinata
- 2 ouă organice mari
- 1/8 linguriță extract organic de vanilie
- vârf de cuțit de sare

INSTRUCȚIUNI:

a) Într-o tigaie antiaderentă, se topește 1 linguriță de ulei de cocos la foc mare și se călesc feliile de mere cu nucșoară și scorțișoară timp de aproximativ 4-5 minute, întorcându-le o dată la jumătate. - gatit.

b) Între timp, puneți ouăle, vanilia și sarea într-un castron și bateți până devin pufoase

c) Se ia tigaia de pe foc și se topeste uleiul ramas.

d) Se toarnă amestecul de ouă uniform peste feliile de mere și se fierbe timp de aproximativ 3-4 minute sau până la starea de fierbere dorită.

e) Întoarceți cu grijă tigaia pe un platou de servire și împăturiți imediat omleta în jumătate.

50. Omletă cu banane și Nutella

INGREDIENTE:
- 3 ouă mari
- 1 banană coaptă, feliată
- 2 linguri Nutella (sau orice tartina de ciocolata cu alune)
- 1 lingura de unt
- Zahăr pudră (pentru pudrat, opțional)

INSTRUCȚIUNI:
a) Spargeți ouăle într-un castron și bateți-le până se bat bine.
b) Se încălzește untul într-o tigaie antiaderentă la foc mediu până se topește.
c) Turnați ouăle bătute în tigaie, înclinând-o pentru a asigura o acoperire uniformă.
d) Lăsați ouăle să se gătească câteva secunde până încep să se întărească pe margini.
e) Întindeți uniform Nutella pe jumătate din omletă.
f) Aranjați feliile de banană deasupra Nutella.
g) Folosind o spatulă, îndoiți cu grijă cealaltă jumătate de omletă peste partea de banană și Nutella.
h) Mai fierbeți încă un minut sau până când omleta este întărită și ușor aurie.
i) Transferați omleta pe o farfurie și presărați cu zahăr pudră dacă doriți.
j) Se serveste fierbinte.

51. Omletă cu fructe de padure amestecate

INGREDIENTE:
- 3 ouă mari
- 1/2 cană de fructe de padure amestecate (cum ar fi căpșuni, afine și zmeură)
- 2 linguri miere
- 1 lingura de unt

INSTRUCȚIUNI:
a) Spargeți ouăle într-un castron și bateți-le până se bat bine.
b) Se încălzește untul într-o tigaie antiaderentă la foc mediu până se topește.
c) Turnați ouăle bătute în tigaie, înclinând-o pentru a asigura o acoperire uniformă.
d) Lăsați ouăle să se gătească câteva secunde până încep să se întărească pe margini.
e) Răspândiți fructele de pădure amestecate uniform pe jumătate din omletă.
f) Stropiți cu miere peste boabe.
g) Folosind o spatulă, îndoiți cu grijă cealaltă jumătate de omletă peste fructele de pădure și partea de miere.
h) Mai fierbeți încă un minut sau până când omleta este întărită și ușor aurie.
i) Transferați omleta pe o farfurie.
j) Se serveste fierbinte.

52. Omletă cu piersici și migdale

INGREDIENTE:
- 3 ouă mari
- 1 piersică coaptă, feliată
- 2 linguri migdale feliate
- 1 lingura miere
- 1 lingura de unt

INSTRUCȚIUNI:
a) Spargeți ouăle într-un castron și bateți-le până se bat bine.
b) Se încălzește untul într-o tigaie antiaderentă la foc mediu până se topește.
c) Turnați ouăle bătute în tigaie, înclinând-o pentru a asigura o acoperire uniformă.
d) Lăsați ouăle să se gătească câteva secunde până încep să se întărească pe margini.
e) Întindeți piersicile feliate uniform pe jumătate din omletă.
f) Presaram migdalele feliate peste piersici.
g) Stropiți cu miere peste piersici și migdale.
h) Folosind o spatulă, îndoiți cu grijă cealaltă jumătate de omletă peste piersicile, migdalele și partea de miere.
i) Mai fierbeți încă un minut sau până când omleta este întărită și ușor aurie.
j) Transferați omleta pe o farfurie.
k) Se serveste fierbinte.

53. Omletă cu fructe tropicale

INGREDIENTE:
- 3 ouă mari
- 1/2 cană fructe tropicale tăiate cubulețe (cum ar fi ananas, mango și papaya)
- 2 linguri nucă de cocos mărunțită
- 1 lingura miere
- 1 lingura de unt

INSTRUCȚIUNI:
a) Spargeți ouăle într-un castron și bateți-le până se bat bine.
b) Se încălzește untul într-o tigaie antiaderentă la foc mediu până se topește.
c) Turnați ouăle bătute în tigaie, înclinând-o pentru a asigura o acoperire uniformă.
d) Lăsați ouăle să se gătească câteva secunde până încep să se întărească pe margini.
e) Răspândiți fructele tropicale tăiate cubulețe uniform pe jumătate din omletă.
f) Presărați nucă de cocos mărunțită peste fructe.
g) Stropiți cu miere peste fructe și nucă de cocos.
h) Folosind o spatulă, îndoiți cu grijă cealaltă jumătate de omletă peste fructe, nucă de cocos și partea de miere.
i) Mai fierbeți încă un minut sau până când omleta este întărită și ușor aurie.
j) Transferați omleta pe o farfurie.
k) Se serveste fierbinte.

54. Omletă cu banane și nuci

INGREDIENTE:
- 3 ouă mari
- 1 banană coaptă, feliată
- 2 linguri nuci tocate
- 1 lingura miere
- 1 lingura de unt

INSTRUCȚIUNI:
a) Într-un castron, batem ouăle până se bat bine.
b) Se încălzește untul într-o tigaie la foc mediu.
c) Turnați ouăle bătute în tigaie și gătiți aproximativ 1-2 minute sau până când marginile încep să se întărească.
d) Aranjați bananele feliate și nucile tăiate uniform peste o jumătate de omletă.
e) Stropiți cu miere peste banane și nuci.
f) Folosind o spatulă, îndoiți cu grijă cealaltă jumătate de omletă peste umplutură.
g) Gatiti inca 1-2 minute sau pana cand omleta este gata.
h) Glisați omleta pe o farfurie și serviți caldă.

55. Omletă cu afine și lămâie

INGREDIENTE:
- 3 ouă mari
- 1/2 cană afine proaspete
- Zest de 1 lămâie
- 1 lingura zahar
- 1 lingura de unt

INSTRUCȚIUNI:
a) Spargeți ouăle într-un castron și bateți-le până se bat bine.
b) Într-un castron separat, amestecați afinele cu coaja de lămâie și zahăr.
c) Se încălzește untul într-o tigaie antiaderentă la foc mediu până se topește.
d) Turnați ouăle bătute în tigaie și lăsați-le să fiarbă aproximativ 1 minut sau până când marginile încep să se întărească.
e) Întindeți uniform amestecul de afine pe jumătate din omletă.
f) Folosind o spatulă, îndoiți cu grijă cealaltă jumătate de omletă peste afine.
g) Gatiti inca 1-2 minute sau pana cand omleta este fierta si afinele se inmoaie usor.
h) Transferați pe un platou și serviți cald.

56. Omletă cu zmeură și ciocolată

INGREDIENTE:
- 3 ouă mari
- 1/2 cană zmeură proaspătă
- 2 linguri chipsuri de ciocolata
- 1 lingura zahar
- 1 lingura de unt

INSTRUCȚIUNI:
a) Bateți ouăle într-un castron până se bat bine.
b) Se încălzește untul într-o tigaie la foc mediu.
c) Turnați ouăle bătute în tigaie și gătiți aproximativ 1-2 minute sau până când marginile încep să se întărească.
d) Presărați uniform zmeura și fulgii de ciocolată peste jumătate din omletă.
e) Se presară zahăr peste fructe de pădure și ciocolată.
f) Folosind o spatulă, îndoiți cu grijă cealaltă jumătate de omletă peste umplutură.
g) Gatiti inca 1-2 minute sau pana cand omleta este fierta si chipsurile de ciocolata sunt usor topite.
h) Transferați pe un platou și serviți cald.

57. Omletă cu pere și ghimbir

INGREDIENTE:
- 3 ouă mari
- 1 para coapta, feliata subtire
- 1 lingura de ghimbir proaspat ras
- 1 lingura miere
- 1 lingura de unt

INSTRUCȚIUNI:
a) Bate ouăle într-un castron până se amestecă bine.
b) Se încălzește untul într-o tigaie la foc mediu.
c) Turnați ouăle bătute în tigaie și gătiți aproximativ 1-2 minute sau până când marginile încep să se întărească.
d) Aranjați perele feliate uniform peste o jumătate de omletă.
e) Presarati ghimbir ras peste pere.
f) Stropiți cu miere peste pere și ghimbir.
g) Îndoiți cu grijă cealaltă jumătate de omletă peste pere.
h) Gatiti inca 1-2 minute sau pana cand omleta este fierta si perele se inmoaie putin.
i) Transferați pe un platou și serviți cald.

58. Omletă cu mango și nucă de cocos

INGREDIENTE:
- 3 ouă mari
- 1 mango copt, feliat
- 2 linguri nucă de cocos măruntită
- 1 lingura miere
- 1 lingura de unt

INSTRUCȚIUNI:
a) Într-un castron, batem ouăle până se bat bine.
b) Se încălzește untul într-o tigaie la foc mediu.
c) Turnați ouăle bătute în tigaie și gătiți aproximativ 1-2 minute sau până când marginile încep să se întărească.
d) Aranjați mango feliat uniform peste o jumătate de omletă.
e) Presărați nucă de cocos măruntită peste mango.
f) Stropiți cu miere peste mango și nucă de cocos.
g) Folosind o spatulă, îndoiți cu grijă cealaltă jumătate de omletă peste umplutură.
h) Gatiti inca 1-2 minute sau pana cand omleta este fierta si mango-ul se inmoaie usor.
i) Glisați omleta pe o farfurie și serviți caldă.

59. Omletă cu ananas și mentă

INGREDIENTE:
- 3 ouă mari
- 1/2 cană de ananas tăiat cubulețe
- Frunze de menta proaspata, tocate
- 1 lingura zahar
- 1 lingura de unt

INSTRUCȚIUNI:
a) Spargeți ouăle într-un castron și bateți-le până se bat bine.
b) Se încălzește untul într-o tigaie antiaderentă la foc mediu până se topește.
c) Turnați ouăle bătute în tigaie și lăsați-le să fiarbă aproximativ 1 minut sau până când marginile încep să se întărească.
d) Întindeți uniform ananasul tăiat cubulețe pe jumătate din omletă.
e) Peste ananas se presara frunze de menta tocate.
f) Presărați zahăr peste ananas și mentă.
g) Folosind o spatulă, îndoiți cu grijă cealaltă jumătate de omletă peste umplutură.
h) Gatiti inca 1-2 minute sau pana cand omleta este fierta si ananasul se inmoaie usor.
i) Transferați pe un platou și serviți cald.

SANDWICH ȘI ROLOCU OMLETTE

60. Sandviş cu omletă rapidă cu covrigi

INGREDIENTE:
- 1/4 cana ceapa tocata marunt
- 1 lingura de unt
- 4 ouă
- 1/4 cană roșii tocate
- 1/8 lingurita sare
- 1/8 lingurita sos de ardei iute
- 4 felii Jones Canadian Bacon
- 4 covrigi simpli, împărțiți
- 4 felii de brânză americană procesată

INSTRUCȚIUNI:

a) Căleți ceapa într-o tigaie mare cu unt până se înmoaie. Amestecați sosul de piper, sarea, roșiile și ouăle. Transferați amestecul de ouă în tigaie. (Amestecul trebuie fixat imediat la margini.)

b) În timp ce ouăle sunt puse, lăsați porția nefiartă să curgă dedesubt împingând marginile fierte spre centru. Gătiți până se întăresc ouăle. Între timp, puneți slănină la microunde și, dacă doriți, prăjiți covrigi.

c) Strat de brânză peste fundul de covrigi. Tăiați omleta în sferturi.

d) Se serveste cu bacon pe covrigi.

61. Rula de omletă coreeană cu alge marine

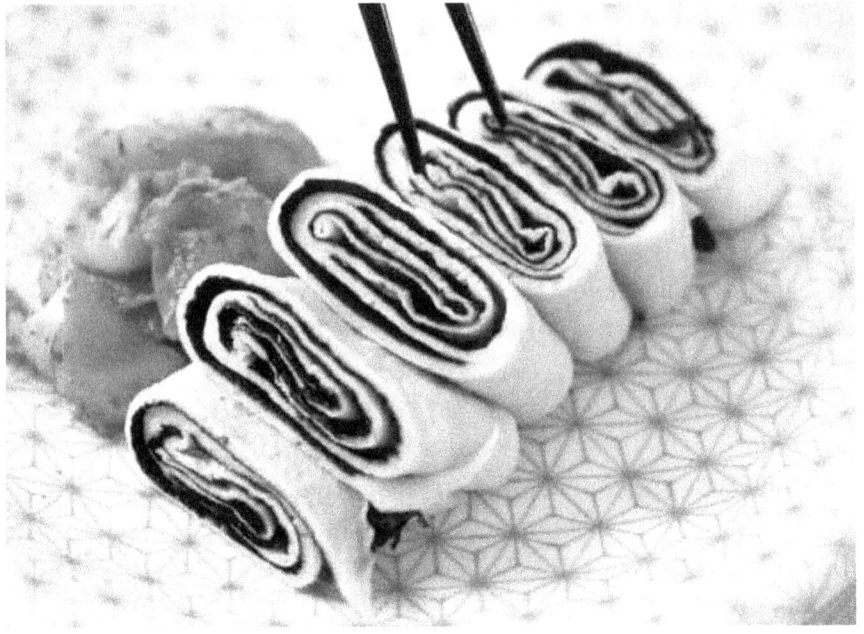

INGREDIENTE:
- 3 ouă mari
- ¼ linguriță sare kosher
- 2 lingurite ulei de avocado
- 2 foi de alge prăjite

INSTRUCȚIUNI:
a) Într-o cană de măsurare lichidă sau un castron, amestecați ouăle și sarea.
b) Încinge o tigaie antiaderentă de 12 inchi sau o tigaie din fontă sau oțel carbon bine condimentată la foc mediu. Cand tigaia este incinsa, invarti uleiul.
c) Se toarnă jumătate din ouă și se rotește tigaia până se formează un strat subțire.
d) Când partea de jos este fixată și partea de sus este încă umed, adăugați o foaie de alge prăjite.
e) Începeți să rulați o margine a ouului, răsturnând aproximativ 2 inci și continuați să o pliați până ajungeți la capăt. Împingeți oul rulat până la marginea tigaiei.
f) Turnați restul de ou bătut în tigaie. Înclinați tigaia pentru a forma un strat subțire de ouă care acoperă complet fundul.
g) Când fundul este așezat și partea de sus este încă umed, așezați a doua bucată de alge prăjite pe ou.
h) Rulați din nou omleta cu ouă, începând de la capăt cu omleta cu ouă fierte până ajungeți la capătul tigaii.
i) Transferați oul pe o masă de tăiat și tăiați-l felii. Serviți cu kimchi și savurați.

62. Sandwich cu omletă cu șuncă și brânză

INGREDIENTE:
- 2 ouă mari
- 2 felii de sunca
- 2 felii de brânză (cum ar fi cheddar sau elveţian)
- Sare si piper dupa gust
- Unt sau maioneză
- Felii de pâine sau un rulou de sandviş

INSTRUCŢIUNI:

a) Spargeţi ouăle într-un castron şi bateţi-le până se bat bine. Asezonaţi cu sare şi piper.

b) Se încălzeşte o tigaie antiaderentă la foc mediu şi se topeşte o cantitate mică de unt sau se încălzeşte puţin ulei.

c) Turnaţi ouăle bătute în tigaie şi gătiţi până se întăresc, răsturnând o dată.

d) Aşezaţi omleta gătită pe o felie de pâine sau rulada de sandviş.

e) Peste omletă se pun feliile de şuncă şi brânză.

f) Întindeţi unt sau maioneză pe o altă felie de pâine sau pe cealaltă jumătate de rulou.

g) Puneţi-l deasupra umpluturii pentru a forma un sandviş.

h) Opţional: Se încălzeşte sandvişul într-o presă panini sau grătar până când brânza se topeşte şi pâinea este prăjită.

i) Tăiaţi sandvişul în jumătate, dacă doriţi, şi serviţi cald.

63. Wrap cu omletă cu legume

INGREDIENTE:
- 3 ouă mari
- 1/4 cană ardei gras tăiați cubulețe
- 1/4 cană ceapă tăiată cubulețe
- 1/4 cană ciuperci feliate
- Sare si piper dupa gust
- Ulei de masline
- Wrap de tortilla

INSTRUCȚIUNI:

a) Spargeți ouăle într-un castron și bateți-le până se bat bine. Asezonați cu sare și piper.

b) Încinge un strop de ulei de măsline într-o tigaie la foc mediu.

c) Adauga ardeii grasi taiati cubulete, ceapa si ciupercile feliate in tigaie si caliti pana se inmoaie.

d) Se toarnă ouăle bătute în tigaie și se gătesc, pliând ușor și amestecând până se fixează.

e) Așezați omleta gătită în centrul unei folii de tortilla.

f) Îndoiți părțile laterale ale tortillei peste omletă și rulați-o strâns.

g) Opțional: Se încălzește ambalajul într-o tigaie sau se presează până când este cald și ușor crocant.

h) Tăiați wrapul în jumătate, dacă doriți, și serviți.

64. Rula de omletă cu somon afumat

INGREDIENTE:
- 3 ouă mari
- 2 uncii de somon afumat
- 2 linguri crema de branza
- Crengute proaspete de marar
- Sare si piper dupa gust
- Unt sau ulei
- foi de nori (foi de alge marine)

INSTRUCȚIUNI:

a) Spargeți ouăle într-un castron și bateți-le până se bat bine. Asezonați cu sare și piper.

b) Încinge o cantitate mică de unt sau ulei într-o tigaie antiaderentă la foc mediu.

c) Turnați ouăle bătute în tigaie și gătiți până se întăresc, răsturnând o dată.

d) Întindeți crema de brânză uniform peste omleta fiartă.

e) Așezați feliile de somon afumat deasupra cremă de brânză.

f) Puneți crenguțe proaspete de mărar de-a lungul unei margini a omletei.

g) Rulați bine omleta, începând de la margine cu mărar.

h) Tăiați omleta rulată în bucăți mici.

i) Luați o foaie de nori și puneți deasupra o bucată de omletă rulată.

j) Rotiți nori strâns în jurul omletei.

k) Repetați cu bucățile de omletă rămase și foile de nori.

l) Serviți rulourile de omletă cu somon afumat ca mâncare sau gustare ușoară.

65. Sandviș cu omletă cu cârnați picant

INGREDIENTE:

- 3 ouă mari
- 2 carnati condimentati, fierti si feliati
- 2 felii de brânză (cum ar fi pepper jack sau cheddar)
- Sare si piper dupa gust
- Unt sau maioneză
- Felii de pâine sau un rulou de sandviș

INSTRUCȚIUNI:

a) Spargeți ouăle într-un castron și bateți-le până se bat bine. Asezonați cu sare și piper.

b) Se încălzește o tigaie antiaderentă la foc mediu și se topește o cantitate mică de unt sau se încălzește puțin ulei.

c) Turnați ouăle bătute în tigaie și gătiți până se întăresc, răsturnând o dată.

d) Așezați omleta gătită pe o felie de pâine sau rulada de sandviș.

e) Peste omletă se pun cârnații picante feliați și brânza.

f) Întindeți unt sau maioneză pe o altă felie de pâine sau pe cealaltă jumătate de rulou.

g) Puneți-l deasupra umpluturii pentru a forma un sandviș.

h) Opțional: Se încălzește sandvișul într-o presă panini sau grătar până când brânza se topește și pâinea este prăjită.

i) Tăiați sandvișul în jumătate, dacă doriți, și serviți cald.

66. Wrap cu omletă mediteraneană

INGREDIENTE:
- 3 ouă mari
- 1/4 cană roșii tăiate cubulețe
- 1/4 cană castraveți tăiați cubulețe
- 1/4 cană brânză feta mărunțită
- 1 lingura patrunjel proaspat tocat
- Sare si piper dupa gust
- Ulei de masline
- Wrap de tortilla

INSTRUCȚIUNI:
a) Spargeți ouăle într-un castron și bateți-le până se bat bine. Asezonați cu sare și piper.
b) Încinge un strop de ulei de măsline într-o tigaie la foc mediu.
c) Adăugați roșiile tăiate cubulețe și castraveții în tigaie și căliți până se înmoaie ușor.
d) Se toarnă ouăle bătute în tigaie și se gătesc, pliând ușor și amestecând până se fixează.
e) Presara peste omleta fiarta branza feta maruntita si patrunjel proaspat tocat.
f) Puneți amestecul de omletă în centrul unei folii de tortilla.
g) Îndoiți părțile laterale ale tortillei peste omletă și rulați-o strâns.
h) Opțional: Se încălzește ambalajul într-o tigaie sau se presează până când este cald și ușor crocant.
i) Tăiați wrapul în jumătate, dacă doriți, și serviți.

FRITTATA

67. Frittata din seminte de in

INGREDIENTE:
- 2 linguri de semințe de in
- 1 cană lapte vegetal
- 6 uncii de legume prăjite rămase tăiate în bucăți
- ½ cană de cereale fierte rămase
- 1 uncie brânză de dovlecel
- 2 linguri ulei de cocos
- 1 lingură de cimbru, busuioc și/sau arpagic, tocate fin
- Sare cușer
- Piper negru proaspăt măcinat

INSTRUCȚIUNI:
a) Într-o tigaie, încălziți uleiul de cocos.
b) Aruncați cerealele, brânza de dovlecei și legumele cu semințele de in.
c) Adăugați laptele vegetal și amestecați încet cu o spatulă.
d) Se condimenteaza cu sare si piper dupa gust.
e) Gatiti timp de 45 de secunde sau pana cand marginile sunt setate.
f) Pentru a slăbi frittata, agitați tigaia.
g) Folosind o farfurie mare, acoperiți tigaia și răsturnați frittata pe ea.
h) Se încălzește mai mult ulei la foc mediu, rotind pentru a acoperi toate suprafețele.
i) Glisați frittata înapoi și gătiți încă 3-5 minute, sau până când se întărește complet.

68. Frittata cu flori de dovlecel

INGREDIENTE:
- 2 linguri ulei de canola
- 2-3 catei de usturoi tocati
- ½ cană ceapă tocată
- ¼ cană de ardei roșu tocat
- 12 flori de dovlecel, spălate și uscate
- 1 lingura busuioc proaspat tocat
- ½ lingură oregano proaspăt tocat
- 4 ouă
- Sare si piper

INSTRUCȚIUNI:
a) Preîncălziți cuptorul la 400 de grade F.
b) Într-o tigaie rezistentă la cuptor, încălziți uleiul de canola.
c) Adăugați usturoiul, ceapa și ardeiul roșu.
d) Se prăjește aproximativ un minut.
e) Adăugați florile de dovlecel și gătiți, amestecând din când în când, timp de aproximativ zece minute până se rumenesc ușor.
f) Adăugați busuiocul și oregano. Se amestecă pentru a se amesteca bine.
g) Intr-un castron, batem ouale cu sare si piper dupa gust. Se amestecă în legume.
h) Reduceți focul și gătiți până când ouăle sunt doar întărite. Dați tigaia la cuptor și coaceți până este gata aproximativ 15-20 de minute.
i) Tăiați felii și serviți. Poate fi servit la temperatura camerei sau fierbinte.

69. Frittata cu sparanghel si bacon

INGREDIENTE:
- 1 buchet de sparanghel
- 6 felii de bacon, fierte si maruntite
- 8 oua
- 1/4 cană lapte
- 1/2 cană brânză cheddar măruntită
- Sare si piper dupa gust

INSTRUCȚIUNI:

a) Preîncălziți cuptorul la 375 ° F (190 ° C).

b) Tăiați capetele dure ale sparanghelului și tăiați-le în bucăți de 1 inch.

c) Într-o tigaie, căliți sparanghelul la foc mediu până se înmoaie, aproximativ 5-6 minute.

d) Într-un castron, amestecați ouăle, laptele, sarea și piperul.

e) Se amestecă sparanghelul fiert și baconul măruntit.

f) Se toarnă amestecul într-un vas de plăcintă uns de 9 inci și se presară deasupra brânză cheddar măruntită.

g) Coacem in cuptorul preincalzit pentru 25-30 de minute sau pana cand frittata este intarita si usor aurie deasupra.

h) Scoateți din cuptor și lăsați-l să se răcească câteva minute înainte de a tăia și servi.

70. Frittata de prosciutto și roșii

INGREDIENTE:
- 8 ouă mari
- 4 felii de prosciutto, tocate
- 1 cană de roșii cherry, tăiate la jumătate
- ½ cană de brânză Gruyere mărunțită
- ¼ cană pătrunjel proaspăt tocat
- Sare si piper dupa gust
- 2 linguri ulei de masline

INSTRUCȚIUNI:

a) Preîncălziți cuptorul la 375°F (190°C).

b) Într-un castron, bateți ouăle împreună și condimentați cu sare și piper.

c) Se încălzește ulei de măsline într-o tigaie care poate fi folosită pentru cuptor, la foc mediu.

d) Adăugați prosciutto și roșiile cherry tocate în tigaie și gătiți câteva minute până când roșiile se înmoaie.

e) Turnați ouăle bătute peste prosciutto și roșii în tigaie.

f) Presărați uniform peste ouă brânza Gruyere mărunțită și pătrunjelul tocat.

g) Transferați tigaia în cuptorul preîncălzit și coaceți aproximativ 15 minute sau până când frittata este întărită și aurie.

h) Scoatem din cuptor si lasam sa se raceasca putin inainte de a taia felii.

i) Se serveste cald sau la temperatura camerei.

71. Frittata cu homar si spanac

INGREDIENTE:
- 1 coadă de homar, fiartă și tăiată cubulețe
- 6 ouă mari
- 1 cană frunze proaspete de spanac
- ¼ cană ceapă tăiată cubulețe
- ¼ cană ardei gras roșii tăiați cubulețe
- ¼ cană parmezan ras
- Sare si piper dupa gust
- Frunze de busuioc proaspăt pentru decor

INSTRUCȚIUNI:

a) Preîncălziți cuptorul la 350°F (175°C).
b) Intr-un castron batem ouale si asezonam cu sare si piper.
c) Se încălzește o tigaie pentru cuptor la foc mediu și se adaugă puțin ulei sau unt.
d) Se calesc ceapa taiata cubulete si ardeiul gras rosu pana devin fragezi.
e) Adăugați frunzele proaspete de spanac în tigaie și gătiți până se ofilesc.
f) Turnați ouăle bătute în tigaie, permițându-le să umple spațiile dintre legume.
g) Adăugați uniform carnea de homar tăiată cubulețe în toată frittata.
h) Deasupra se presara parmezan ras.
i) Transferați tigaia în cuptorul preîncălzit și coaceți aproximativ 15-20 de minute sau până când frittata este întărită și brânza se topește și se rumenește ușor.
j) Scoatem din cuptor si lasam sa se raceasca putin inainte de a taia felii.
k) Se ornează cu frunze proaspete de busuioc și se servește cald.

72. Frittata cu cartofi si ceapa

INGREDIENTE:
- 2 până la 3 linguri ulei de măsline, împărțit
- 1 ceapă galbenă, feliată subțire
- ¼ cană șuncă fiartă, tăiată cubulețe
- 1 cană de cartofi, decojiți, fierți și tăiați cubulețe
- 4 oua, batute
- ⅓ cani de parmezan tocat
- Sarat la gust

INSTRUCȚIUNI:
a) Încinge 2 linguri de ulei la foc mediu într-o tigaie antiaderentă. Adăugați ceapa; gătiți și amestecați timp de 2 până la 3 minute.
b) Adăugați șunca și cartofii. Gatiti pana ce ceapa si cartofii sunt usor aurii. Cu o lingură cu fantă, scoateți amestecul într-un bol; se răcește ușor. Amestecați ouăle, brânza și sarea în amestecul de ceapă.
c) Pune tigaia la foc mediu; adăugați uleiul rămas, dacă este necesar.
d) Când tigaia este fierbinte, adăugați amestecul de ceapă. Gătiți până când frittata devine aurie pe partea de jos, iar partea de sus începe să se întărească aproximativ 4 până la 5 minute.
e) Puneți o farfurie peste tigaie și răsturnați cu grijă frittata pe farfurie.
f) Glisați frittata înapoi în tigaie. Gatiti pana cand fundul este usor auriu, 2-3 minute.
g) Tăiați în felii; se serveste cald sau la temperatura camerei.

73. Frittata de crab, porumb și piper

INGREDIENTE:

- 6 oua, batute
- ⅓ cani de porumb
- ⅓ cani de maioneza
- ¼ cană lapte
- 2 linguri ceapa verde, tocata
- 2 linguri de ardei rosu, tocat
- sare si piper dupa gust
- 1 cană de carne de crab, în fulgi
- 1 cană de brânză Monterey Jack măruntită
- Garnitura: ceapa verde tocata

INSTRUCȚIUNI:

a) Bateți ouăle, porumbul, maioneza, laptele, ceapa, ardeiul roșu și sare și piper după gust. Se amestecă ușor carnea de crab.

b) Se toarnă într-o farfurie de plăcintă de 10 inchi unsă.

c) Coaceți la 350 de grade timp de 15 până la 20 de minute. Stropiți cu brânză și coaceți încă 5 minute, sau până când brânza se topește.

d) Se ornează cu ceapă verde.

74. Ravioli și Frittata Veggie

INGREDIENTE:
- 1 pachet de brânză sau ravioli umplute cu legume
- 6 ouă
- ¼ cană lapte
- 1 cană de legume amestecate tăiate cubulețe
- ¼ cană parmezan ras
- Sare si piper dupa gust

INSTRUCȚIUNI:

a) Gătiți ravioli conform instrucțiunilor de pe ambalaj. Scurgeți și puneți deoparte.

b) Într-un castron, amestecați ouăle, laptele, parmezanul ras, sarea și piperul.

c) Încinge o tigaie la foc mediu și se unge ușor.

d) Adăugați legumele amestecate tăiate cubulețe în tigaie și căleți până când sunt fragede.

e) Adăugați ravioli fierte în tigaie și întindeți-le uniform.

f) Se toarnă amestecul de ouă peste legume și ravioli.

g) Gatiti frittata pe plita cateva minute pana incep sa se intareasca marginile.

h) Transferați tigaia într-un cuptor preîncălzit și coaceți la 350°F (175°C) timp de aproximativ 15-20 de minute sau până când frittata este gătită și aurie deasupra.

i) Scoatem din cuptor si lasam sa se raceasca putin inainte de a taia felii.

j) Serviți ravioli și frittata de legume calde sau la temperatura camerei.

75. Frittata cu roșii uscate și brânză feta

INGREDIENTE:
- 6 ouă
- ¼ cană brânză feta mărunțită
- 2 linguri rosii uscate la soare tocate
- ¼ cană pătrunjel proaspăt tocat
- Sare si piper dupa gust

INSTRUCȚIUNI:

a) Preîncălziți cuptorul la 375°F.

b) Intr-un castron, batem ouale cu sare, piper si patrunjel.

c) Se amestecă brânză feta și roșiile uscate la soare.

d) Se încălzește o tigaie de 10 inci, care poate fi folosită pentru cuptor, la foc mediu.

e) Turnați amestecul de ouă în tigaie și gătiți timp de 5 minute.

f) Transferați tigaia la cuptor și coaceți timp de 10-15 minute, până când frittata se întărește.

76. Frittata cu roșii uscate și șuncă

INGREDIENTE:
- 6 ouă
- ½ cană roșii uscate tocate
- ½ cana sunca taiata cubulete
- ¼ cană busuioc proaspăt tocat
- Sare si piper dupa gust

INSTRUCȚIUNI:
a) Preîncălziți cuptorul la 350°F (175°C).
b) Într-un castron mare, amestecați ouăle, sarea și piperul.
c) Se amestecă roșiile uscate la soare, șunca și busuioc.
d) Turnați amestecul într-o tavă de plăcintă unsă de 9 inchi (23 cm).
e) Coaceți 20-25 de minute sau până când ouăle sunt întărite și blatul este maro auriu.
f) Lăsați să se răcească câteva minute înainte de a tăia și a servi.

77. Frittata cu roșii uscate și ciuperci

INGREDIENTE:
- 6 ouă
- ½ cană roșii uscate tocate
- ½ cană ciuperci feliate
- ¼ cană pătrunjel proaspăt tocat
- Sare si piper dupa gust

INSTRUCȚIUNI:
a) Preîncălziți cuptorul la 350°F (175°C).
b) Într-un castron mare, amestecați ouăle, sarea și piperul.
c) Se amestecă roșiile uscate la soare, ciupercile și pătrunjelul.
d) Turnați amestecul într-o tavă de plăcintă unsă de 9 inchi (23 cm).
e) Coaceți 20-25 de minute sau până când ouăle sunt întărite și blatul este maro auriu.
f) Lăsați să se răcească câteva minute înainte de a tăia și a servi.

78. Frittata de mic dejun cu macaroane și brânză

INGREDIENTE:
- 1 kilogram de macaroane fierte
- 8 ouă mari, bătute
- ½ cană lapte
- Sare si piper, dupa gust
- ¼ cană brânză cheddar mărunțită
- ¼ cană ceapă verde tocată

INSTRUCȚIUNI:
a) Preîncălziți cuptorul la 375°F.
b) Într-un castron mare, amestecați ouăle bătute, laptele, sarea și piperul.
c) Adăugați în bol macaroanele fierte, brânza cheddar mărunțită și ceapa verde tocată și amestecați pentru a se combina.
d) Turnați amestecul într-o tavă de plăcintă unsă de 9 inci.
e) Coaceți timp de 25-30 de minute, sau până când frittata este întărită și aurie.
f) Lăsați frittata să se răcească câteva minute înainte de a tăia și a servi.

79. Frittata de ricotta si spanac

INGREDIENTE:
- 6 ouă mari
- ½ cană de brânză ricotta
- ½ cană spanac proaspăt tocat
- ¼ cană parmezan ras
- ¼ lingurita sare
- ¼ lingurita piper negru
- 1 lingura ulei de masline

INSTRUCȚIUNI:

a) Preîncălziți broilerul.

b) Într-un castron mare, amestecați ouăle, ricotta, spanacul, parmezanul, sarea și piperul.

c) Încinge uleiul de măsline într-o tigaie de 10 inci rezistentă la cuptor la foc mediu.

d) Adăugați amestecul de ouă în tigaie și gătiți, amestecând din când în când, până când fundul se fixează și blatul curge ușor, aproximativ 5-7 minute.

e) Puneți tigaia sub broiler și gătiți până când blatul devine maro auriu și ouăle se întăresc, aproximativ 2-3 minute.

f) Lasati frittata sa se raceasca cateva minute, apoi feliati si serviti fierbinte sau la temperatura camerei.

80. Chorizo, Chiftelă și Moringa Frittata

INGREDIENTE:
- 4 ouă
- 1/4 cană lapte
- fulgi de ardei rosu
- sare si piper
- 2 tulpini mici frunze de Moringa
- 1 lingura ulei de masline
- 8 chifteluțe, tăiate în sferturi
- 4 chorizos, feliate în bucăți de 1/2 inch
- 1/8 cană mazăre verde congelată

INSTRUCȚIUNI:
a) Preîncălziți cuptorul la 160 C.
b) Scoateți frunzele de Moringa de pe tulpini și spălați-le sub jet de apă.
c) Asigurați-vă că îndepărtați frunzele de pe tulpină
d) Spargeți ouăle într-un castron. Adăugați laptele. Bateți până se încorporează totul bine. Se condimentează cu sare, piper și fulgi de ardei roșu.
e) Încinge ulei de măsline într-o tigaie la foc mediu. Adăugați chorizo-ul și prăjiți până se rumenește ușor și grăsimea se face.
f) Adăugați chiftelele și mazărea verde. Amestecați pentru a incorpora totul împreună.
g) Turnați amestecul de ou-lapte pe tigaie. Stropiți cu frunze de Moringa.
h) Cand marginile omletei au inceput sa se intareasca, se ia de pe foc si se da la cuptor. Se lasă să se gătească 10 – 13 minute sau până când frittata s-a întărit complet.
i) Scoateți din cuptor și serviți imediat.

81. Frittata de cartofi cu sofran

INGREDIENTE:
- ½ ceapa rosie medie, tocata fin
- 1 cartof russet mediu, tăiat cubulețe fine
- 8 ouă organice mari
- ⅓ ceasca de parmezan ras
- ⅛ lingurita sofran
- sare de mare si piper negru dupa gust
- 4 linguri ulei de masline extravirgin

INSTRUCȚIUNI:

a) Încinge uleiul într-o tigaie medie la foc mediu timp de 1-2 minute. Ceapa și cartofii se toacă mărunt, apoi se adaugă în tigaie și se călesc la foc mediu-mic timp de aproximativ 8 minute sau până când ceapa devine translucidă și cartofii sunt fragezi la furculiță.

b) Bateți ouăle cu parmezanul și șofranul într-un castron de dimensiune medie, apoi adăugați-le în tigaie. Gatiti aproximativ 5 minute, amestecand continuu pentru a se amesteca. Scoateți ouăle din tigaie și lăsați-le deoparte într-un castron mediu.

c) Pune tigaia pe arzator si adauga inca 1-2 linguri. de ulei de măsline. Creșteți temperatura la mediu-mare și încălziți uleiul timp de 1 minut.

d) Întoarceți ouăle în tigaie, formând o chiflă cu o spatulă în timp ce se gătesc, scuturând tigaia ușor pentru a preveni lipirea ouălor și apăsarea pentru a asigura omogenizarea frittatei.

e) Gatiti aproximativ 2 minute apoi acoperiti tigaia cu o farfurie mare. Țineți mânerul tigaii și apăsați în jos pe centrul plăcii cu palma celeilalte mâini, apoi răsturnați frittata pe farfurie.

f) Glisați frittata înapoi în tigaie și gătiți încă 2 minute pe cealaltă parte.

g) Se lasa deoparte la racit cateva minute apoi se taie in bucatele dorite.

82. Frittata cu bacon si cartofi

INGREDIENTE:
- 6 ouă mari
- 1 cană de bacon fiartă și mărunțită
- 1 cană de cartofi tăiați cubulețe, fierte
- 1/4 cană ceapă tăiată cubulețe
- Sare si piper dupa gust
- 1 lingura ulei de masline

INSTRUCȚIUNI:

a) Preîncălziți cuptorul la 375°F (190°C).
b) Bate ouăle într-un castron până se amestecă bine. Asezonați cu sare și piper.
c) Se încălzește ulei de măsline într-o tigaie care poate fi folosită pentru cuptor, la foc mediu.
d) Adaugati ceapa taiata cubulete in tigaie si caliti pana devine translucida.
e) Adăugați cartofii tăiați cubulețe în tigaie și gătiți până se rumenesc ușor.
f) Se toarnă ouăle bătute peste cartofi și ceapă.
g) Peste ouă se presară uniform slănină mărunțită.
h) Gatiti pe plita aproximativ 3-4 minute sau pana incep sa se intareasca marginile.
i) Transferați tigaia în cuptorul preîncălzit și coaceți timp de 12-15 minute sau până când frittata este întărită și aurie.
j) Scoatem din cuptor, lasam sa se raceasca cateva minute, apoi feliem si servim.

83. Frittata de rosii si busuioc

INGREDIENTE:

- 6 ouă mari
- 1 cană de roșii cherry, tăiate la jumătate
- 1/4 cană busuioc proaspăt tocat
- Sare si piper dupa gust
- 1 lingura ulei de masline

INSTRUCȚIUNI:

a) Preîncălziți cuptorul la 375°F (190°C).
b) Bateți ouăle într-un castron până se bat bine. Asezonați cu sare și piper.
c) Se încălzește ulei de măsline într-o tigaie care poate fi folosită pentru cuptor, la foc mediu.
d) Adăugați roșii cherry în tigaie și prăjiți până se înmoaie ușor.
e) Se toarnă ouăle bătute peste roșii.
f) Presărați busuioc tocat uniform peste ouă.
g) Gatiti pe plita aproximativ 3-4 minute sau pana incep sa se intareasca marginile.
h) Transferați tigaia în cuptorul preîncălzit și coaceți timp de 12-15 minute sau până când frittata se întărește și se rumenește ușor.
i) Scoatem din cuptor, lasam sa se raceasca cateva minute, apoi feliem si servim.

84. Frittata cu șuncă și brânză

INGREDIENTE:
- 6 ouă mari
- 1 cana sunca taiata cubulete
- 1/2 cană brânză cheddar mărunțită
- 1/4 cană ceapă tăiată cubulețe
- Sare si piper dupa gust
- 1 lingura de unt

INSTRUCȚIUNI:

a) Preîncălziți cuptorul la 375°F (190°C).
b) Bate ouăle într-un castron până se amestecă bine. Asezonați cu sare și piper.
c) Se încălzește untul într-o tigaie de cuptor la foc mediu.
d) Adaugati ceapa taiata cubulete in tigaie si caliti pana devine translucida.
e) Adaugati sunca taiata cubulete in tigaie si gatiti pana se rumenesc usor.
f) Se toarnă ouăle bătute peste șuncă și ceapă.
g) Presărați brânză cheddar mărunțită uniform peste ouă.
h) Gatiti pe plita aproximativ 3-4 minute sau pana incep sa se intareasca marginile.
i) Transferați tigaia în cuptorul preîncălzit și coaceți timp de 12-15 minute sau până când frittata este întărită și aurie.
j) Scoatem din cuptor, lasam sa se raceasca cateva minute, apoi feliem si servim.

TARTA

85. Quiche cu roșii uscate și bacon

INGREDIENTE:
- 1 crustă de plăcintă prefabricată
- 6 ouă
- 1 cană lapte
- ½ cană de bacon fiartă tocat
- ¼ cană roșii uscate la soare mărunțite
- ¼ cană parmezan ras
- Sare si piper dupa gust

INSTRUCȚIUNI:
a) Preîncălziți cuptorul la 375°F.
b) Puneți crusta de plăcintă într-un vas de plăcintă de 9 inci și înțepați fundul cu o furculiță.
c) Într-un castron, bateți ouăle cu lapte, sare și piper.
d) Se amestecă slănină, roșiile uscate la soare și parmezan.
e) Turnați amestecul de ouă în crusta de plăcintă.
f) Coaceți 40-45 de minute, până se întărește quiche-ul.

86. Quiche cu sparanghel și brânză albastră

INGREDIENTE:
- 1 crustă de plăcintă prefabricată (cumpărată din magazin sau de casă)
- 1 buchet de sparanghel, tuns
- 1 lingura ulei de masline
- 1 ceapa mica, taiata cubulete
- 4 ouă mari
- 1 cană smântână groasă
- 1/2 cană brânză albastră mărunțită
- Sare si piper dupa gust
- Garnitura optionala: frunze proaspete de cimbru

INSTRUCȚIUNI:

a) Preîncălziți cuptorul la 375 ° F (190 ° C) și puneți crusta de plăcintă într-o tavă de plăcintă.

b) Coaceți oarbă crusta de plăcintă căptușind-o cu hârtie de copt și umplend-o cu greutăți de plăcintă sau fasole uscată. Coaceți aproximativ 10 minute, apoi îndepărtați greutățile și hârtia de copt și coaceți încă 5 minute până devin ușor aurii. Pus deoparte.

c) Într-o tigaie, încălziți uleiul de măsline la foc mediu. Adaugati ceapa taiata cubulete si caliti pana se inmoaie si devine translucida.

d) Între timp, aduceți o oală cu apă cu sare la fiert. Adăugați sparanghelul tăiat și fierbeți timp de aproximativ 2-3 minute până se înmoaie puțin. Scurgeți sparanghelul și clătiți cu apă rece pentru a opri procesul de gătire. Tăiați sparanghelul în bucăți mici.

e) Într-un castron, amestecați ouăle și smântâna groasă până se omogenizează bine. Asezonați cu sare și piper.

f) Presărați brânza albastră mărunțită uniform peste crusta de plăcintă precoaptă.

g) Peste brânza albastră se împrăștie ceapa și bucățile de sparanghel sotate.

h) Turnați amestecul de ou și smântână peste umplutură, asigurându-vă că acoperă ingredientele uniform.

i) Opțional: Presărați frunze de cimbru proaspăt deasupra quiche-ului pentru un plus de aromă.

j) Puneți quiche-ul pe o foaie de copt și coaceți în cuptorul preîncălzit pentru aproximativ 30-35 de minute, sau până când umplutura este întărită și blatul este maro auriu.

k) Scoateți din cuptor și lăsați quiche-ul să se răcească câteva minute înainte de a tăia și a servi.

l) Bucurați-vă de combinația delicioasă de sparanghel și brânză albastră în acest quiche savuros, fie cald, fie la temperatura camerei.

87. Quiche cu prosciutto și ciuperci

INGREDIENTE:
- 1 crustă de plăcintă prefabricată
- 6 ouă mari
- 1 cană ciuperci feliate
- 4 felii de prosciutto, tocate
- 1 cană de brânză elvețiană mărunțită
- ½ cană lapte
- ¼ cană de arpagic proaspăt tocat
- Sare si piper dupa gust

INSTRUCȚIUNI:

a) Preîncălziți cuptorul la 375°F (190°C).

b) Puneți crusta de plăcintă pregătită într-un vas de plăcintă de 9 inci și lăsați-o deoparte.

c) Într-o tigaie, căliți ciupercile feliate până când sunt fragede și orice lichid s-a evaporat.

d) Într-un castron, bateți ouăle împreună cu laptele, sare și piper.

e) Întindeți uniform ciupercile sotate peste crusta de plăcintă.

f) Presărați prosciutto tocat și brânza elvețiană mărunțită peste ciuperci.

g) Turnați amestecul de ouă peste umplutura din crusta de plăcintă.

h) Se presara deasupra arpagicul tocat.

i) Puneți quiche-ul în cuptorul preîncălzit și coaceți aproximativ 30-35 de minute până când umplutura este întărită și blatul este maro auriu.

j) Scoatem din cuptor si lasam sa se raceasca cateva minute inainte de a taia felii.

k) Se serveste cald sau la temperatura camerei.

88. Bisquick Quiche

INGREDIENTE:
- 2 căni de amestec Bisquick
- ½ cană lapte
- 4 ouă
- 1 cană brânză cheddar mărunțită
- 1 cană legume tocate (cum ar fi spanac, ciuperci și ardei gras)
- ½ ceasca de bacon sau sunca fiarta, tocata
- Sare si piper dupa gust

INSTRUCȚIUNI:

a) Preîncălziți cuptorul la 375°F (190°C) și ungeți o tavă de plăcintă.

b) Într-un castron, combinați amestecul Bisquick, laptele și ouăle pentru a face crusta de quiche.

c) Întindeți amestecul de crustă uniform pe fundul și părțile laterale ale vasului de plăcintă uns.

d) Într-un alt castron, amestecați brânza mărunțită, legumele tocate, slănină sau șunca fiartă, sare și piper.

e) Turnați amestecul în crusta de plăcintă.

f) Coaceți timp de 30-35 de minute sau până când centrul este fixat și crusta este maro aurie.

g) Lăsați quiche-ul să se răcească câteva minute înainte de a tăia și a servi.

89. Quiche cu spanac proaspăt de fermă

INGREDIENTE:
- 8 felii de bacon, gătite crocant, mărunțite și împărțite
- Crustă de plăcintă congelată de 9 inci dezghețată
- 2 căni de brânză Monterey Jack mărunțită
- Pachet de 10 uncii de spanac tocat congelat, dezghețat și scurs
- 1½ cană lapte
- 3 oua, batute
- 1 lingură făină universală

INSTRUCȚIUNI:

a) Presărați jumătate din slănină mărunțită pe fundul crustei de plăcintă. Amesteca branza, spanacul, laptele, ouale si faina. Se toarnă peste crustă.

b) Deasupra presara baconul maruntit ramas.

c) Coaceți la 350 de grade timp de o oră, sau până când centrul este setat.

90. Quiche cu mere și scorțișoară

INGREDIENTE:
- 1 măr; tarta, maruntita
- 2 linguri de unt
- 7 uncii de brânză Cheddar; mărunțită
- 1 crustă de plăcintă de 10 inci; de casă
- 1 lingura de zahar
- ¼ linguriță scorțișoară
- 3 ouă mari
- 1½ cană smântână pentru frișcă

INSTRUCȚIUNI:
a) Preîncălziți cuptorul la 375 de grade F.
b) Se caleste merele timp de 5 minute in unt.
c) Se amestecă cu brânza și se pune în coajă de plăcintă. Se amestecă zahărul și scorțișoara și se presară peste măr și brânză. Într-un castron se amestecă ușor ouăle și smântâna pentru frișcă și se toarnă peste măr și brânză.
d) Coaceți timp de 35 de minute sau până când se fixează.

91. Quiche pentru mic dejun cu crustă de fulgi de porumb

INGREDIENTE:

- 1 crustă de plăcintă la frigider
- 1 cană fulgi de porumb zdrobiți
- 1 cană cârnați gătiți pentru micul dejun, mărunțiți
- 1 cană brânză cheddar mărunțită
- 4 ouă mari
- 1 cană lapte
- ½ lingurita sare
- ¼ lingurita piper negru
- ¼ linguriță de usturoi pudră
- ¼ lingurita boia

INSTRUCȚIUNI:

a) Preîncălziți cuptorul la 375°F (190°C). Apăsați crusta de plăcintă într-un vas de plăcintă de 9 inci.

b) Întindeți uniform fulgii de porumb zdrobiți peste fundul crustei de plăcintă.

c) Presărați peste fulgii de porumb cârnații mărunțiți pentru micul dejun și brânza cheddar mărunțită.

d) Într-un castron, amestecați ouăle, laptele, sarea, piperul negru, pudra de usturoi și boia de ardei.

e) Turnați amestecul de ouă peste cârnați și brânză în crusta de plăcintă.

f) Coaceți timp de 35-40 de minute sau până când quiche-ul este întărit și blatul este maro auriu.

g) Scoateți din cuptor și lăsați-l să se răcească câteva minute înainte de a tăia și servi.

92. Quiche cu șuncă

INGREDIENTE:
- 1 foaie de aluat de plăcintă la frigider
- 2 căni de brânză Colby-Monterey Jack măruntită, împărțită
- ¾ cană cubulețe de șuncă complet fiartă
- 2 linguri ulei de masline
- 1 cană de verdeață congelată tocată, dezghețată și scursă
- 1 ceapa mica, tocata
- 1 cățel de usturoi, tocat
- ¼ lingurita sare
- ¼ lingurita de piper
- 6 ouă mari
- 1 cană lapte 2%.

INSTRUCȚIUNI:

a) Setați cuptorul la 375 ° și începeți preîncălzirea. Desfășurați foaia de aluat pe o farfurie de plăcintă de 9 inci; sertează marginea. Se presară pe fundul farfuriei de plăcintă tapetată cu aluat cu o cană de brânză. Se împrăștie cu șunca.

b) Încinge uleiul într-o tigaie mare la foc mediu-mare. Pune ceapa si verdeata; gătiți în timp ce amestecați până când ceapa este moale, aproximativ 5 până la 7 minute.

c) Se pune usturoiul și se fierbe timp de 1 minut. Amestecați piper și sare. Strat de șuncă cu verdeață.

d) Bateți laptele și ouăle într-un castron mare până se combină.

e) Transferați deasupra. Se presară cu restul de brânză.

f) Coaceți timp de 35 până la 40 de minute pe un grătar inferior până când un cuțit adăugat în centru iese curat. Lăsați să stea timp de 10 minute înainte de a începe tăierea. Opțiunea de congelare: Congelați quiche-ul necopt cu un capac.

g) Pentru utilizare, scoateți din congelator cu jumătate de oră înainte de coacere (nu decongelați). Setați cuptorul la 375 ° și începeți preîncălzirea. Pune quiche pe a

h) foaie de copt. Coaceți conform instrucțiunilor, setând timpul la 50 de minute până la o oră.

93. Quiche Lorraine

INGREDIENTE:
- 1½ cani (6 uncii) de brânză elvețiană rasă
- 8 felii de slănină sau șuncă, gătite și mărunțite
- 3 oua
- 1 cană smântână groasă
- ½ cană lapte
- ¼ lingurita de piper
- 1 crustă de plăcintă congelată prefabricată

INSTRUCȚIUNI:

a) Presărați brânză și slănină/șuncă în crusta de plăcintă tapetată cu produse de patiserie.

b) Bateți ingredientele rămase împreună și turnați peste brânză și șuncă.

c) Se coace la 375 de grade timp de 45 de minute.

94. Quiche cu legume la grătar

INGREDIENTE:
- 1 crustă de plăcintă gata
- 3 ouă
- 1 cană smântână ușoară
- ½ cană smântână grea
- ½ lingurita Sare
- ½ lingurita Piper
- ¼ linguriță de piper Cayenne
- ¼ lingurita de nucsoara
- 6 uncii brânză Gruyere; răzuit
- 1½ cani de legume la gratar

INSTRUCȚIUNI:

a) Puneți 4 uncii de brânză și legume la grătar pe crusta necoaptă și puneți-le pe o foaie de copt, apoi acoperiți cu brânză rămasă.
b) Bateți ingredientele rămase împreună, cu excepția brânzei.
c) Se toarnă peste legume și brânză și se stropește cu restul de brânză.
d) Prăjiți timp de 35 până la 45 de minute, departe de căldură directă, până când quiche-ul este umflat și auriu.

95. Quiche cu tofu și broccoli

INGREDIENTE:
- 2 linguri ulei de cocos
- 1 ceapa, tocata
- 1 cățel de usturoi, tocat
- 2 cani de broccoli proaspat, tocat
- 1 crustă de plăcintă
- 1 cană de tofu mătăsos
- ½ cană lapte de canabis pe bază de plante
- Sare si piper dupa gust

INSTRUCȚIUNI:
a) Preîncălziți cuptorul la 350 de grade Fahrenheit.
b) Încinge uleiul de cocos într-o cratiță.
c) Adăugați broccoli, ceapa și usturoiul.
d) Se amestecă din când în când legumele până sunt fragede.
e) Pune tofu scurs și lapte pe bază de plante de canabis într-un robot de bucătărie și pulsul
f) Puneți amestecul de legume fierte și tofu CannaMilk în crusta de plăcintă necoaptă.
g) Coaceți timp de 30 de minute.

96. Quiche cu spanac și ciuperci

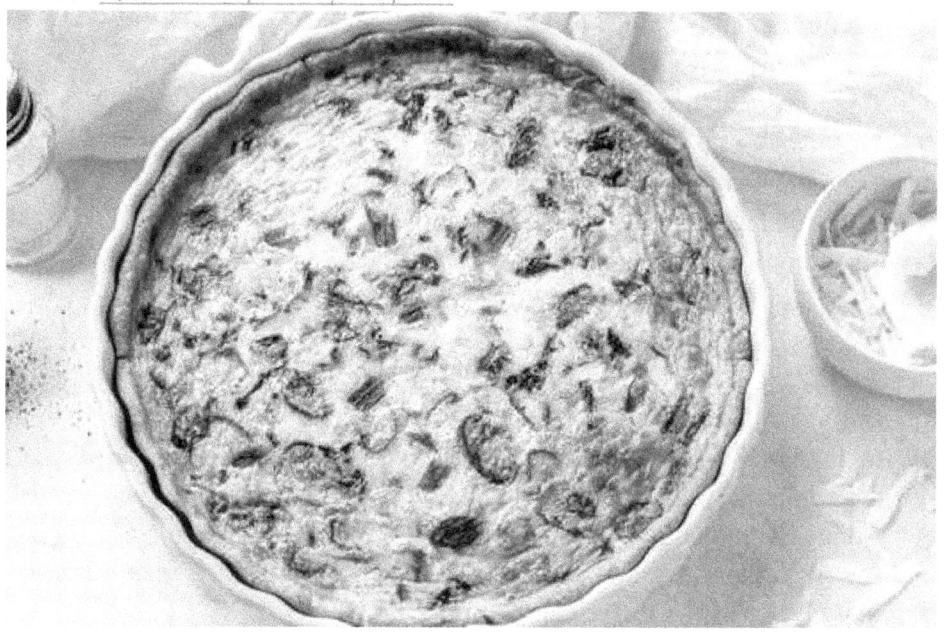

INGREDIENTE:
- 1 crustă de plăcintă prefabricată
- 3 ouă mari
- 1 cană spanac proaspăt, tocat
- 1 cană ciuperci feliate
- 1/2 cană brânză elvețiană mărunțită
- 1/2 cană lapte
- Sare si piper dupa gust
- 1 lingura ulei de masline

INSTRUCȚIUNI:
a) Preîncălziți cuptorul la 375°F (190°C).
b) Încinge ulei de măsline într-o tigaie la foc mediu. Adăugați ciupercile și gătiți până se înmoaie.
c) Adăugați spanacul tocat în tigaie și gătiți până se ofilește. Se ia de pe foc si se lasa sa se raceasca.
d) Într-un castron, bateți ouăle, laptele, sare și piper.
e) Puneți crusta de plăcintă într-un vas de plăcintă și întindeți uniform amestecul de spanac și ciuperci peste crustă.
f) Presărați brânză elvețiană mărunțită peste legume.
g) Turnați amestecul de ouă peste umplutură.
h) Coaceți în cuptorul preîncălzit timp de 30-35 de minute sau până când quiche-ul este întărit și auriu.
i) Scoatem din cuptor, lasam sa se raceasca cateva minute, apoi feliem si servim.

97. Quiche cu bacon și cheddar

INGREDIENTE:
- 1 crustă de plăcintă prefabricată
- 3 ouă mari
- 1 cană de bacon fiartă și mărunțită
- 1 cană brânză cheddar mărunțită
- 1/2 cană lapte
- Sare si piper dupa gust

INSTRUCȚIUNI:
a) Preîncălziți cuptorul la 375°F (190°C).
b) Puneți crusta de plăcintă într-un vas de plăcintă.
c) Într-un castron, bateți ouăle, laptele, sare și piper.
d) Întindeți uniform slănina mărunțită peste crusta de plăcintă.
e) Presărați brânză cheddar mărunțită peste slănină.
f) Turnați amestecul de ouă peste umplutură.
g) Coaceți în cuptorul preîncălzit timp de 30-35 de minute sau până când quiche-ul este întărit și blatul este auriu.
h) Scoatem din cuptor, lasam sa se raceasca cateva minute, apoi feliem si servim.

98. Quiche cu broccoli și feta

INGREDIENTE:
- 1 crustă de plăcintă prefabricată
- 3 ouă mari
- 1 cana buchetele de broccoli aburite, tocate
- 1/2 cană brânză feta mărunțită
- 1/2 cană lapte
- Sare si piper dupa gust

INSTRUCȚIUNI:
a) Preîncălziți cuptorul la 375°F (190°C).
b) Puneți crusta de plăcintă într-un vas de plăcintă.
c) Într-un castron, bateți ouăle, laptele, sare și piper.
d) Întindeți uniform broccoli tocat peste crusta de plăcintă.
e) Presărați brânză feta mărunțită peste broccoli.
f) Turnați amestecul de ouă peste umplutură.
g) Coaceți în cuptorul preîncălzit timp de 30-35 de minute sau până când quiche-ul se întărește și se rumenește ușor.
h) Scoatem din cuptor, lasam sa se raceasca cateva minute, apoi feliem si servim.

99. Quiche cu șuncă și sparanghel

INGREDIENTE:
- 1 crustă de plăcintă prefabricată
- 3 ouă mari
- 1 cana sunca fiarta, taiata cubulete
- 1 cană sparanghel, tăiat și tocat
- 1/2 cană brânză Gruyere mărunțită
- 1/2 cană lapte
- Sare si piper dupa gust

INSTRUCȚIUNI:
a) Preîncălziți cuptorul la 375°F (190°C).
b) Puneți crusta de plăcintă într-un vas de plăcintă.
c) Într-un castron, bateți ouăle, laptele, sare și piper.
d) Întindeți șunca tăiată cubulețe și sparanghelul tocat uniform peste crusta de plăcintă.
e) Presărați brânză Gruyere mărunțită peste umplutură.
f) Turnați amestecul de ouă peste umplutură.
g) Coaceți în cuptorul preîncălzit timp de 30-35 de minute sau până când quiche-ul este întărit și auriu.
h) Scoatem din cuptor, lasam sa se raceasca cateva minute, apoi feliem si servim.

100. Quiche cu roșii și busuioc

INGREDIENTE:
- 1 crustă de plăcintă prefabricată
- 3 ouă mari
- 1 cană de roșii cherry, tăiate la jumătate
- 1/4 cană busuioc proaspăt tocat
- 1/2 cană brânză mozzarella mărunțită
- 1/2 cană lapte
- Sare si piper dupa gust

INSTRUCȚIUNI:
a) Preîncălziți cuptorul la 375°F (190°C).
b) Puneți crusta de plăcintă într-un vas de plăcintă.
c) Într-un castron, bateți ouăle, laptele, sare și piper.
d) Răspândiți roșiile cherry tăiate în jumătate și busuiocul tocat uniform peste crusta de plăcintă.
e) Presărați brânză mozzarella mărunțită peste umplutură.
f) Turnați amestecul de ouă peste umplutură.
g) Coaceți în cuptorul preîncălzit timp de 30-35 de minute sau până când quiche-ul se întărește și se rumenește ușor.
h) Scoatem din cuptor, lasam sa se raceasca cateva minute, apoi feliem si servim.

CONCLUZIE

Sperăm că „Arta omletelor" ți-a oferit instrumentele, inspirația și cunoștințele necesare pentru a crea omlete extraordinare care aduc bucurie și satisfacție mesei tale. De la combinații clasice care nu reușesc să mulțumească până la creații inovatoare și aventuroase, lumea omletelor este a ta pe care o poți explora și cuceri.

Amintiți-vă, cheia unei omlete perfecte constă în echilibrul ingredientelor, tehnica de pliere și pasiunea pe care o infuzați în gătit. Lasă-ți imaginația să zboare în timp ce experimentezi diverse umpluturi, ierburi, condimente și acompaniamente pentru a crea omlete care să reflecte gustul și stilul tău.

Fie că vă bucurați de un brunch pe îndelete alături de cei dragi, că vă pregătiți o masă rapidă și hrănitoare sau că vă impresionați oaspeții cu abilitățile dumneavoastră culinare, omletele sunt o alegere delicioasă și versatilă. Ele oferă posibilități nesfârșite de a-ți satisface poftele și de a te răsfăța cu plăcerea de a crea ceva cu adevărat special.

Vă mulțumim că v-ați alăturat nouă în această călătorie excelentă. Fie ca omletele tale să fie mereu pufoase, aromate și o sursă de mândrie culinară. Gătit fericit și omletele tale să aducă bucurie pe masă și zâmbete pe fețele celor cu care le împărtășești.

www.ingramcontent.com/pod-product-compliance
Lightning Source LLC
Chambersburg PA
CBHW071900110526
44591CB00011B/1487